평범한 옆 반 선생님이 들려주는 학급경영 꿀팁

선생님의  세간

선생님의 8시간

평범한 옆 반 선생님이 들려주는 학급경영 꿀팁

초판 1쇄 인쇄 2020년 12월 12일
초판 1쇄 발행 2020년 12월 22일

지은이 김연중, 이규민, 김경태, 이아영, 박현승
펴낸이 김승희
펴낸곳 도서출판 살림터

기획 정광일
편집 정태화
북디자인 이순민

인쇄.제본 (주)신화프린팅
종이 (주)명동지류

주소 서울시 양천구 목동동로 293. 22층 2215-1호
전화 02) 3141-6553
팩스 02) 3141-6555
출판등록 2008년 3월 18일 제313-1990-12호
이메일 gwang80@hanmail.com
블로그 http//blog.naver.com.dkffk 1020

ISBN 979-11-5930-171-1 03370

평범한 열 반 선생님이 들려주는 학급경영 꿀팁

선생님의 8시간

김연중, 이규민, 김경태,
이아영, 박현승 지음

살림터

차 례

우리,
함께 걸어갑시다

    열정이 가득했던 초보 새내기 선생님 시절을 돌이켜 봅니다. 두근거리는 마음으로 만났던 첫아이들, 그 아이들에게 좋은 선생님이 되고자 고민하고 또 고민하던 희망찬 시절이 있었습니다.

    하지만, 열정만으로 모든 것이 되지는 않았습니다. 시간이 지나면 지날수록 생활 지도와 교과 지도에 힘이 부쳐왔고, 업무는 업무대로 가중되어 무척이나 힘든 시간을 보냈습니다. 수업 틈틈이 업무를 하는 선생님이 아니라, 업무 틈틈이 수업을 하는, 주객이 전도된 교사가 되고 말았습니다. 그런 현실이 무척이나 안타까웠습니다.

    그로부터 10여 년이 지난 지금, 학교와 선생님의 모습은 어떻게 변했을까요? 교원 행정업무 경감 정책으로 교원업무를 줄이겠다고는 했지만, 그 당시에는 없었던 방과 후 학교, 돌봄, 학교폭력, 교원 평가, 정보공시 등과 다수의 공모 사업들이 우후죽순 학교 현장으로 들어와 전체적인 업무는 오히려 더욱 증가한 느낌입니다. 그만큼 아이들과 함께할 시간이 줄어든 것 같아 속상합니다.

또한 종이 문서의 감축과 교원업무 경감 차원에서 처음 도입되었던 NEIS는 학교 현장에서 비교적 요긴하게 쓰이고 있기는 하지만, 아직까지도 대부분의 학교에선 100여 쪽에 이르는 학년 교육과정과 학급 교육과정, 수행평가 계획을 종이 문서 형태로 작성해 결재를 받고 있는 실정입니다. 처음 NEIS 도입 취지와는 다르게, NEIS 결재 따로, 종이 문서 결재 따로, 선생님들의 업무만 가중시키는 결과만 낳고 말았습니다.

교육과정 경우는 또 어떠한가요? '~차 교육과정'이라는 이름하에 전면적으로 바뀌었던 교육과정이, 2007년 이후, '00년 개정 교육 과정' 수시 교육 개정 체제로 탈바꿈하게 되었습니다. 이는 과거 교과서 중심의 일제 고사 시스템으로 운영되었던 학교가 성취와 과정 중심의 평가 체제로 전환되었음을 의미합니다. 그로 인해 선생님은 더 이상 지식만 전달하는 전달자가 아니라, 교육과정의 전문가가 되어야 함을 의미하게 되었습니다. 그만큼 준비하고 해야 할 일도 늘어났다는 의미이기도 합니다. 그 추세는 앞으로 늘어나면 늘어났지 줄어들지 않을 것으로 보입니다.

쏟아지는 공문과 학교 업무, 그리고 앞으로도 수시로 변하게 될 교육과정 체제 속에서 우리 선생님들은 앞으로 어떻게 대처해야 할까요? 함께 고민해 보고자 이 글을 쓰게 되었습니다. 흔들리지 않고 피는 꽃은 없다고 하지만, 학교에서 선생님들마저 흔들리면 절대 안 될 것입니다. 어떻게 하면 흔들리지 않고 행복한 웃음을 아이들과 나눌까? 그 고민과 대안, 경험을 선생님들과 함께 나누고 싶었습니다. 그리고 이 책을 읽는 독자 선생님들의 참여로 더 나은 개정판이 나오기를 희망합니다.

2020년 12월

김연중, 이규민, 김경태, 이아영, 박현승

4단 논법 말하기
– 시작은 경청부터

 개학 첫날은 1년 중 가장 설레는 날이기도 하지만 그만큼 바쁘고 매우 중요한 날입니다. 칠판에는 친구들을 환영하는 문구가 자리 잡고, 임시로 배정된 아이들의 책상 위에는 투명 'L'자 홀더가 놓이게 됩니다. 그 속에는 학부모님께 보내는 편지와 함께 준비물 목록이 들어가게 됩니다.

 대부분의 학교 1교시는 담임선생님의 소개와 함께 출석을 확인하고, 서로를 알아가는 질의응답 시간을 가집니다. 2교시에는 학교 방송 혹은 체육관에서 입학식과 시업식을 가집니다. 중간놀이 시간에는 자유롭게 친교 활동이 이루어지도록 하기도 합니다. 3교시는 꿈 명패 만들기와 그 형식에 맞는 발표회를 가집니다. 4교시는 3교시의 활동을 계속 이어나가거나, 활동이 끝나면 사물함 정리와 함께 간단한 모둠 청소를 합니다. 그럼 점심시간이 되고, 급식실에서 점심 식사를 한 후, 학급별로 하교를 하게 됩니다.

 여기까지가 일반적으로 이루어지는 학교 첫날의 모습입니다. 이튿날부터 바로 교과 진도를 나가는 선생님도 있습니다만, 그전에 꼭 해야 할 활동이 있습니다. 모든 관계가 시작되는 활동, 바로 학급 세우기입니다. 그

럼, 듣고 말하기부터 시작해 볼까요? (첫날부터 6교시 시수가 잡힌 학급에서는 5~6교시에

이 활동을 추천해 드립니다.)

이렇게 활동해요

■ **교사 준비물:** 대화·공감, 학급 문제와 관련된 교과서 또는 자료(재구성 차시)
■ **학생 준비물:** 교과서 또는 읽기 자료, 붙임 종이(90×90), 필기구

① 교과서 내 텍스트에서 인물들의 갈등이 발생하는 상황 또는 학급 규칙
을 정할 때 문제가 되는 상황을 제시합니다.

② 문제를 해결해야 하는 상황에서 자신
의 생각을 붙임 종이 한 장에 써보도
록 합니다.

③ 4단 논법으로 이야기하는 방법을 안내
하고, 문제 상황에 대한 자신의 생각을
4단 논법으로 다시 써보게 합니다.

④ 주어진 문제 상황에서 처음 써보았던 자신의 생각과 4단 논법으로 써보았던 자신의 생각을 짝, 모둠 친구들에게 소개합니다.

⑤ 학생들은 (자신의 생각이 아니라) 짝 또는 모둠 친구들에게 들은 내용을 처음 썼던 글과 4단 논법으로 써본 글의 내용의 느낌을 비교하며 전체 발표를 합니다.

이렇게 활동했어요

❖ 5학년 학생들과 함께 학급 규칙에 적용할 만한 주제로 '학교에 오면 스마트폰을 걷어 한곳에 넣어두는 것은 옳다'라는 논제를 골라 수업을 진행하였습니다. 90×90 크기의 붙임 종이 한 장에(두 장 아닙니다!) 자신의 생각을 쓰게 하고, 다음으로 4단 논법을 사용하여 자신의 생각을 정리하게 했습니다. 붙임 종이 한 장에 핵심 단어 모두를 사용하도록 하는 것이 중요한 포인트입니다. 그리고 짝, 모둠 친구들과 각자 의견을 나누게 하였습니다. 그 결과 4단 논법을 사용하여 생각을 정리한 경우가 훨씬 듣기·말하기가 쉽다는 의견이 많았습니다.

주장	스마트폰을 걷는 것에 찬성	스마트폰을 걷는 것에 반대
근거	학급 분위기를 망치기 때문	다른 사람에게 피해를 주지않음
설명	쉬는 시간에 게임만 함	규칙을 잘 세워 사용
정리	스마트폰을 걷자	스마트폰을 걷지 말자

❖ 4단 논법으로 정리된 생각에 대해 다른 의견을 말하고자 할 때는 다시 4단 논법으로 생각을 정리하여 반박하도록 하였습니다. 상대방의 의견을 반박하기 위해선 먼저 잘 들어야 했습니다. 결국, 이 과정을 통해 자연스럽게 경청하는 법을 배우게 되었습니다.

이럴 때는 이렇게

❖ 핵심 단어로 4단 논법 정리하기를 어려워하는 친구들이 있을 때 본격적인 토의·토론 수업을 시작하는 5학년 학생들을 대상으로 4단 논법을 적용해 보았는데, 처음부터 핵심 단어를 사용, 붙임 종이 한 장에 정리하는 친구들은 학급에서 절반이 채 되지 않았습니다. 그래서 이런 친구들은 일단, 붙임 종이 두 장 분량으로 정리하게 하고, 점점 한 장으로 정리할 수 있도록 연습하게 하였습니다.

❖ 저학년, 중학년 학생들의 경우 1~2학년 친구들은 자신의 주장에 근거를 덧붙여 말하기(3단 논법)를 연습합니다. 3~4학년 친구들은 '~의 의견에 보충합니다. 친구 00은 ~이야기했는데, 보충하자면 ~합니다. 왜냐하면 ~때문입니다.'와 같은 형식으로 지도하는 것이 효과가 좋았습니다.

❖ 4단 논법으로 정리하는 것에 익숙해졌을 때 4단 논법에 익숙한 친구들, 또는 6학년 친구들에게는 6단 논법으로 정리하여 말하는 것을 시도해 보는 것도 좋을 것 같습니다. 6단 논법은 본격적인 토의·토론 수업을 하면서 자신의 주장에 대한 근거와 논리의 약점에 대한 부연, 즉 예상되는 상대방의 반박에 대한 반박을 하는 것입니다.

1단계(안건): 학교에는 스마트폰을 걷는 것은 옳다.

2단계(주장): 학교에서 스마트폰을 걷는 것에 찬성.

3단계(근거): 수업 중 스마트폰을 쓰는 경우가 종종 있고, 중독되기 때문.

4단계(설명): 수업 중 부모님에게 전화가 오는 경우가 있는데 벨 소리가 울려 수업을 방해하는 경우가 있고, 쉬는·중간·점심시간에 스마트폰에 빠져 게임에만 몰두해 있음.

5단계(반대): 개인의 자유와 놀이 문화를 제한하는 문제점이 있지만 무분별한 스마트폰 사용은 다른 사람에게 방해가 됨. 학교에서 친구들과 할 수 있는 놀이는 스마트폰 게임 이외에도 많이 있음. 또 급한 일이 있을 때, 부모님께서 학교 연수실로 전화를 걸어 문제 해결.

6단계(정리): 학교에서 스마트폰을 걷는 것은 옳다. 학교는 나 혼자가 아닌 우리 학급의 친구들과 선생님 모두가 함께 살아가는 공간이기 때문.

이런 방법도 있어요

❖ 4단 논법 정리하기를 익숙하게 하기 위한 방법으로 주제 일기 쓰기를

하거나, 미리 준비한 주제를 아침 활동 시간에 토론하게 합니다. 그럼 보다 빠르게 4단 논법을 습득하게 되고, 토론 참여의 재미를 느끼게 됩니다.

❖ 발표하는 말의 끝에 '질문이나 보충 있으신가요?'를 넣어 발표하도록 지도하면 질문이 꼬리에 꼬리를 무는 수업이 될 수 있습니다.

질문 만들기로
의사소통의 방법 익히기

　질문은 학생들이 학습 내용을 배우고 익히는 주요한 방식일 뿐만 아니라, 전체 학급 구성원 사이에 이루어지는 중요한 의사소통 방법입니다. 토의·토론, 하브루타, QnE 학습과 같은 학생 참여형 수업이 대부분 '질문 만들기'를 기반으로 이루어지고 있습니다. 교과 시간 이외의 생활지도 측면에서도 질문 기반 문제해결 방법은 참으로 유용합니다. 2015 개정 교육과정 5~6학년 군 국어과 교사용 지도서(P.32)를 살펴보면 교과서 구성 원리를 '학습자의 질문 생성과 해결을 강조한 교과서'라고 안내하고 있습니다. 사

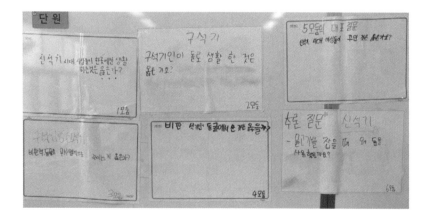

고 수준에 따른 질문의 유형을 '사실적 질문, 추론적 질문, 비판·감상적 질문'의 세 가지로 제시하고 있지요. 이 세 가지 유형을 중심으로 질문 기반의 학급 세우기를 해보면 어떨까요?

이렇게 활동해요

■ **교사 준비물**: 질문이 생길 법한 자료 또는 교과서(재구성 차시)
■ **학생 준비물**: 교과서 또는 읽기 자료, 붙임 종이(90×90), 필기구

① 적극적인 질문을 생성할만한 재미있는 자료 또는 교과서 재구성 자료를 제시합니다.

② '사실적 질문'(모르는 단어나 확실하게 짚어가야 할 것에 대한 질문, 예를 들면 ~은 무엇입니까?)에 대해 안내하고, 사실 질문을 개인별로 3~5개 정도 만들어 보도록 한 후 모둠별로 질문을 돌아가며 이야기해보도록 합니다.

③ '추론적 질문'(그림을 보거나 의견을 듣고 떠오르는 질문, 예를 들면 왜~ 했을까요?)에 대해 안내하고, 추론적 질문을 개인별로 3~5개 정도 만들어 보도록 한 후 모둠별로 질문을 돌아가며 이야기해보도록 합니다.

④ '비판·감상적 질문'(그림을 보거나 의견을 듣고 시대적 배경이나 배경지식에 비추어 비판 또는 적용할 수 있는 질문, 예를 들면 ~은 옳은가?, 만약에 나라면~)에 대해 안내하고, 비판·감상적 질문을 개인별로 3~5개 정도 만들어 보도록 한 후 모둠별로 질문을 돌아가며 이야기해보도록 합니다.

이렇게 활동했어요

❖ 학급 임원 선거에 앞서 5학년 학생들과 함께 제19대 대통령의 공약을

자료로 수업을 진행하였습니다. 90×90 크기의 붙임 종이에 사실적 질
문, 추론적 질문, 비판·감상적 질문을 질문의 종류에 따라 각각 한 장씩
작성하여 질문을 만들도록 하여 질문의 종류별로 모둠끼리 공유하였습
니다.

(사실질문) '정권교체, '투자', '경력단절'의 뜻은?

(추론질문) 왜 정권교체를 해야 한다고 주장할까?

왜 사람에 대한 투자로 시작할까?

왜 여성과학기술인의 경력이 단절될까?

왜 '나라를 나라답게'표현했을까?

(비판·감상질문) 정권교체는 옳은가?

기초과학 예산은 부족한 것인가?

과학기술 연구자를 존중하지 않았나?

내가 대통령에 출마한다면?

❖ 질문 만들기 수업 끝난 후, 학급·전교 임원에 출마할 의사가 있는 학생
들에겐 미리 출마 연설문을 작성해 오라는 숙제를 내어 주었습니다.
출마 연설을 듣게 될 학생들에게는 전 시간에 연습했던 종류별 세 가
지 질문을 만들어 공약에 대해 질의응답할 시간을 갖도록 하였습니다.

이럴 때는 이렇게

❖ 저학년, 중학년 학생들의 경우 5~6학년 학생들의 경우 사실, 추론, 비
판·감상이라는 용어로 수업을 진행하여도 그 뜻을 이해할 수 있지만,
저·중학년 학생들은 이러한 용어들을 어려워합니다. 이럴 경우 '누가, 언
제, 어디서, 무엇을, 어떻게, 왜'와 같은 6하 원칙으로 질문 책을 만들어

수업을 해 보았습니다.

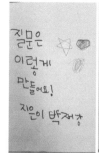

❖ 노래 가사와 그림으로도 질문 만들기 훈련을 할 수 있습니다. 아이들이
좋아하는 노래 가사와 그림을 제시하고, 6하 원칙 또는 사고 수준에 따
른 4가지 유형으로 질문 만들기를 하게 합니다. 많이 만드는 개인 또는
모둠에게는 보상을 줍니다.

❖ 게임을 이용하여 질문 만들기를 하는 방법도 있습니다. 그중 "~까?" 놀
이를 설명하자면, 모둠이나 둥글게 앉은 한 학생에게 교사가 주제를 주
면 그 학생은 옆 친구에게 "~까?"라고 질문을 하고, 그 학생은 "그거 좋
은 질문이구나!"라고 대답을 한 후, 다른 옆 친구에게 "~까?" 다시 질문
하는 방식으로 질문을 이어가는 게임입니다. 예를 들어 교사가 "사과"
라고 주제를 주면 한 친구가 "사과는 왜 동그랄까?"라고 질문을 하면
"그거 좋은 질문이구나!"하고 말한 후 다른 옆 친구에게 "사과는 왜 빨
갛게 변할까?"라고 질문을 이어가면 됩니다. 게임에서 질문이 중복되거
나 3초 이상 질문을 못 하면 지게 됩니다.

액션 러닝 기법으로
학급 급훈·이름·깃발·노래 정하기

　액션 러닝이란 '행동(doing)'을 통해 '배운다(learning)'는 원리에 기초를 두는 학습 기법으로, 공동의 과제를 촉진자(facilitator)와 함께 지식 습득, 질문, 피드백 및 성찰의 과정을 통해 학습이 이루어지는 팀 학습법입니다.

　요즘 교육과정 워크숍에서 학교 구성원들의 생각을 모으고, 조직하는 방법으로 많이 쓰이는 기법이지요. 액션 러닝을 하기 위한 절차는 몇 가지가 있으나, 붙임 종이와 스티커만 있으면 수업을 진행할 수 있는 간단한 방법이 있기에 소개하고자 합니다. ('액션 러닝으로 수업하기', '술술 풀리는 PBL과 액션러닝'과 같은 책을 참고하세요!)

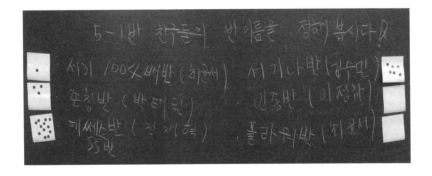

■ **교사 준비물**: 붙임 종이(90×90), 스티커, 교과서(자치활동 관련 재구성 차시)
■ **학생 준비물**: 필기구

① 학급 급훈·이름·깃발·노래 등 학생들의 아이디어를 수집합니다. 칠판에 판서하는 것도 좋고, 학생들이 자주 다니는 복도, 교실 환경판도 좋습니다.

② 학생들의 아이디어 옆에 스티커를 붙일 수 있도록 붙임 종이를 붙입니다.

③ 학급 전체 구성원 각자에게 스티커 1~2개를 나누어 주고, 자신의 마음에 드는 아이디어에 스티커를 붙일 수 있게 합니다.

④ 가장 많은 스티커를 받은 아이디어를 선택합니다.

❖ 5학년 학생들과 함께 급훈 만들기부터 시작하였습니다. 허승환 선생님의 책(황금의 2주일을 잡아라!)을 참고하였는데, 먼저 칠판에 '친구들이 생각하는 천국과 같은 반'이라는 주제를 써놓고 학생들의 생각들을 들어보았습니다.

요리하는 반, 과자 파티를 많이 하는 반, 재미있는 반, 체육을 많이 하는 반,

한 달에 한 번 소원을 들어주는 반, 마니또가 있는 반, 뒷담화가 없는 반,

욕하지 않는 반

❖ 이렇게 학생들이 자유롭게 아이디어 생성하면, 비슷한 내용끼리 묶어 칠판에 판서한 후 모든 내용을 포괄할 수 있는 단어로 정리를 하였습니다.

❖ 급훈의 순서는 학생들이 가장 중요하다고 생각하는 것에 스티커를 붙

이게 하여 스티커가 많이 붙어 있는 순서로 정하였습니다.

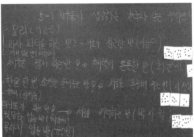

이럴 때는 이렇게

❖ 아이디어의 수가 너무 많아요! 유목화해 모두를 포괄하는 단어를 사용
   하였습니다.

   요리하는 반, 과자 파티를 많이 하는 반, 재미있는 반 ⇨ 서로가 친근한 반

   체육을 많이 하는 반 ⇨ 체력이 튼튼한 반

   한 달에 한 번 소원을 들어주는 반, 숙제가 없는 반 ⇨ 서로 존중해 주는 반

   마니또가 있는 반, 뒷담화가 없는 반, 욕하지 않는 반 ⇨ 서로 배려해 주는 반

❖ 학급에서 인기가 많은 학생들 의견에만 스티커를 붙여요! 스티커를
   2~3장씩 나누어 줘도 되고, 아이들에게 미리 인기와 관계없는 활동이
   라고 안내하면 진지하게 자신의 의견을 표현하는 경우가 많았습니다.

이런 방법도 있어요

❖ 학급 이름, 깃발 만들기도 액션 러닝 기법으로 만들 수 있습니다.
❖ 학급 노래 만들기는 자신이 듣고 싶은 자신의 별명이나 이루고 싶은 꿈
   을 친구들에게 안내하게 한 후, 주말 과제로 친구들의 이름, 별명, 꿈

이 들어간 학급 노래 만들기 숙제를 내주었습니다. 액션 러닝 기법으로 '학급노래1, 학급노래2, 학급노래3'처럼 여러 버전의 학급 노래를 만들었습니다.

♫ "아름다운 이 땅에 ○○ 초교에 ○○ 선생님이 터 잡으시고,

○○○○ 뜻으로 학급 세우니, 대대손손 훌륭한 인물도 많아~

개그 소녀 ○○○, 박사 ○○○~" ♩♪

학급 규칙
만들기

2016년 11월 18일 자 중앙일보 영문판에 Revisiting the Constitution(헌법 제1조의 가치 다시 한번 되새긴다)라는 제목으로 올라왔던 '다니엘 린데만'이라는 독일인의 글을 소개합니다.

　　지난 몇 주 동안 주말마다 시민들이 광화문 광장에 촛불을 들고 모이고 있다. 외국인으로서 한국에 대해 새롭게 배우면서 역사적 순간의 증인이 되는 느낌이다. 인상 깊었던 것이 사람들이 대한민국 헌법 제1조 2항을 써서 들고 있는 장면이었다. 한 달 전 토크 콘서트를 준비하느라 한국과 독일의 헌법을 찾아봤는데 이를 다시 보게 돼 놀랐다. 이를 계기로 헌법 제1조의 가치를 되새길 수 있었다.
　　대한민국의 헌법과 독일연방공화국의 헌법인 기본법 제1조는 서로 다르다. 한국은 다음과 같다. 1) 대한민국은 민주공화국이다. 2) 대한민국의 주권은 국민에게 있고, 모든 권력은 국민으로부터 나온다. 독일은 이렇다. 1) 인간의 존엄성은 훼손할 수 없다. 인간의 존엄성을 존중하고 보호하는 것은 모든 국가권력의 책무이다. 2) 이에 독일 국민은 세상의 모든 인간 공동체와 평화 및 정의의 기초로서 불가침적이고 불가양적인 인권에 대해 확신한다.

헌법 1조는 해당 국가가 중시하는 가치관을 보여준다. 한국은 민주주의와 국민 주권을 중시한다. 독일은 인간 존엄성과 인권·평화를 강조한다. 이런 차이는 역사에서 비롯됐다고 본다. 한국은 19세기 말부터 1948년 민주공화국을 이룰 때까지 억압적인 제국주의 때문에 고통을 겪었다. 이 때문에 민주주의와 국민 주권을 앞세웠을 것이다. 독일은 세계대전 때 저지른 반인류적 범죄를 반성해 인간 존엄을 기본 가치로 내세웠다.

이 글을 읽고 우리가 시민으로서 누리고 있는 자유과 권리가 얼마나 소중한지, 그리고 그에 따른 책임이 얼마나 막중한 것인지 다시 한번 생각해 보게 되었습니다. 또 어떻게 하면 우리 아이들에게 민주시민 역량을 길러 줄 수 있을지 고민도 많이 해보게 되었습니다.

요즘 교육현장에서는 '학교 민주주의', '학교 자치', '학생 자치', '다모임', '공동체'라는 용어들이 자주 거론됩니다. 거창하고 어려울 것만 같은 민주시민교육! 우리 반 학급규칙 만들기부터 시작해 보는 것은 어떨까요? 아이들 스스로 학급규칙을 만들게 되면 규칙을 훨씬 소중히 여기게 되고, 아이들의 갈등 해결 또한 많은 도움이 되지 않을까요?

■ **교사 준비물**: 학급 세우기 ③에서 만든 급훈, 개인별 A4 1장씩, 모둠별 8절 색지 1장씩, 붙임
　　　　　　　 종이(90×90), 스티커, 교과서(자치활동 재구성 차시)

■ **학생 준비물**: 필기구

① 개인별로 A4 종이를 1장씩 나누어 주고, 가로로 두 번, 세로로 두 번 접
　 기 합니다.

② 개인별로 아래 그림과 같이 우리 반이 꼭 지켜야 할 규칙에 대하여 시간
　 대 별로 쓰게 합니다.(학급 실태에 따라 수정하세요)

아침 규칙	수업 중 규칙	중간놀이 규칙
쉬는 시간 규칙	자기 이름 쓰기	점심시간 규칙
청소 시간 규칙	기타 규칙	체육시간 규칙

③ 개인별로 A4에 쓴 내용을 4단 논법으로 모둠 친구들에게 설명하며, 모
　 둠별로 8절 색지에 정리합니다.(브레인 라이트닝)

아침 규칙	수업 중 규칙	중간놀이 규칙
쉬는 시간 규칙	모둠 이름 쓰기	점심시간 규칙
청소 시간 규칙	기타 규칙	체육시간 규칙

④ 모둠별로 정리한 8절 색지의 내용을 4단 논법으로 전체 친구들에게 설
　 명하며, 칠판에 정리합니다.(학급 임원 도움 필요)

아침 규칙	수업 중 규칙	중간놀이 규칙
쉬는 시간 규칙	학급 이름 쓰기	점심시간 규칙
청소 시간 규칙	기타 규칙	체육시간 규칙

⑤ 칠판에 정리한 내용을 액션 러닝 기법(붙임 종이, 스티커)으로 뽑습니다. 이렇
　 게 뽑아낸 내용들이 학급규칙이 되며, 학급 규칙은 학급 회의를 통해

수정하거나 추가, 삭제할 수 있음을 안내합니다.

❖ 5학년 학생들과 A4 종이를 가로 두 번, 세로 두 번 접기 한 후 개인-모
둠-전체 토의 순서로(피라미드 기법으로) 학급 규칙 정하기를 하였습니다.

참보배 에쎄스 교실 자치법전

학급 급훈(헌법)
  제1조 가족 같은 학급
  제2조 배려하는 학급
  제3조 존중하는 학급

학급규칙(법률)
  제1조 (아침 시간)
    제1항 책 읽는 아침
    제2항 조용히
    제3항 욕x 폭행x

  제2조 (수업 시간)
    제1항 집중하기
    제2항 존중하기
    제3항 욕설x 폭행x

  제3조(중간 놀이)
    제1항 재미있는 놀이 활동하기
    제2항 욕설x 폭행x

제4조(쉬는 시간)
  제1항 다음 시간 준비하기
  제2항 욕설x 폭행x

제5조(점심
  제1항 말하지 않기
  제2항 욕설x 폭행x

제6조(체육)
  제1항 울지x 짜증x 사이좋게 활동 참여

제7조(기타)
  제1항 마니또
  제2항 특별활동
  제3항 소원

학급 조례

제1조(아침 시간)
　제1항 아침 평화회의하기
　(아침활동 8시30분~45분 약 15분간
　독서 후)

제2조(수업 시간)
　제1항 수업 시간에 집중하기
　제2항 선생님 말에 존중하기

제3조(중간놀이)
　제1항 복도에서 뛰지 않기
　제2항 학교폭력 하지 않기

제4조(쉬는시간)
　제1항 다른 사람 배려하기
　제2항 뛰지 않기

제5조(점심시간)
　제1항 뛰지 않기
　제2항 식사할 때 입을 가리고 말하기

제6조(체육시간)
　제1항 욕x
　제2항 짜증x
　제3항 대충x

제7조(기타)
　제1항 마니또 2주에 한 번씩 뽑기
　제2항 소원 들어주기
　제3항 특별활동하기

이럴 때는 이렇게

❖ 학급 규칙을 정할 때 학생들에게 학급규칙이 어떤 기초 위에 세워야 하는지, 어떤 테두리 안에 있어야 하는지 미리 안내하면 쉽게 아이디어를 꺼낼 수 있습니다. (우리나라의 법률이 헌법에 기초를 두고 있는 것처럼 말이지요!) 예시로 보여드린 '참보배 에쎄스 교실 자치 법전'은 학생들이 정한 학급 급훈을 기반으로 하여 만들어졌으니, 학급 규칙도 '가족, 배려, 존중'의 테두리 안에 있습니다.

❖ 학생들 스스로 규칙을 만들어 학급 구성원 모두 규칙을 잘 지키겠다는 약속을 하더라도 규칙을 어기는 경우가 종종 있습니다. 그런 상황이 발생하였을 때를 대비하여 아이들은 벌칙을 생각하기 마련입니다. 약속을 지켜지지 않았을 때의 규칙까지 만들어야 한다고 주장하는 아이들도 있습니다. 하지만 우리가 추구하는 교육이 '바른 인성을 갖춘 창의

융합형 인재'(2015개정 교육과정)라고 했을 때, 벌칙보다는 격려와 타협을 가르치는 것은 어떨까요? 규칙을 잘 지켰을 때 올라가는 학급 온도계와 지킬 수 없는 규칙을 만들었을 경우 학급회의를 통해 규정을 수정하는 것은 어떨까요?

이런 방법도 있어요

❖ 저학년의 경우 자치 활동보다 적응 활동에 더 비중을 두는 시기입니다. 때문에 학급 규칙을 만드는 것보다 학교와 교실에서 지켜야 할 규칙을 안내하고, 그때그때 약속하는 것을 추천합니다. 이현진 선생님의 '저학년 학급경영' 원격 연수를 받을 당시 정리해 두었던 1학년 친구들과 할 수 있는 약속을 소개합니다. PPT 자료를 만든 후, 빈칸 채우기 퀴즈로 시작해 초성 힌트를 줘가며 알아맞히기 게임으로 수업을 진행하는 것을 추천해 드립니다.

여러 가지 학급약속

<아침 시간의 약속>

* 선생님께 공손히 (인사)를 한다.

* 학교에 먼저 오는 학생이 (아래 창문)을 연다.(위 창문은 선생님이)

* 교실에 들어오며 인사하는 (친구)의 인사를 조용히 받아 준다.

* 그 요일의 아침 활동을 하고, 모두 끝내면 교실 앞 (바구니)에 넣는다.

<쉬는 시간의 약속>

* 쉬는 시간은 (노는) 것이 아니라, 다음 수업을 준비하는 시간이다.

* (화장실)을 조용히 다녀온다.

* 선생님이 안 계시면 자기 자리에서 (독서)를 한다.

<점심 식사 시간의 약속>

* 점심식사를 식판에 받되 (먹을 수) 있는 만큼만 받는다.

* 반찬을 받을 때는 먹기 싫은 반찬도 (한 개씩) 꼭 받는다.

* 밥은 되도록 남기지 않고 (매운 것)은 조금 남겨도 괜찮다.

* 밥을 입에 넣고 (말하지) 않는다

<청소시간의 약속>

* (창문)을 연다.

* 물건이 보이지 않게 정리한다.

* 미니 빗자루로 바닥을 쓸고 (쓰레받기)에 모은다.

* (물티슈)를 한 장으로 펴서 자신의 책상과 의자를 닦고 반씩 접어가며 교실 구석구석
  을 닦는다.   (물티슈가 더러워지면 버린다.)

<빗자루와 쓰레받기 사용 약속>

* 빗자루는 (쓰는) 방향으로 약간 기울여 쓰레기를 모은다.

* 쓰레기가 어느 정도 모이면 쓰레받기를 약간 (기울여) 쓰레기를 담는다.

* 쓰레기가 많으면 쓰레받기에 있는 쓰레기를 (쓰레기통)에 버리고 와서 다시 담는다.

<하교할 때의 약속>

* 선생님께 공손히 (인사)를 한다.

* 부모님이 교문에서 기다리시는 경우에도, (선생님께) 확인을 받고 부모님께 간다.

* 친구 집에 놀러 가려면 가방을 집에 두고 부모님께 (허락)을 받은 후에 놀러 간다.

* 길과 건널목에서 절대 (뛰어가지) 않는다.

* 횡단보도의 신호등이 깜박일 때는 다음 (신호)를 기다린다.

<사물함 정리 약속>

* 책꽂이 파일에 클리어 파일, 교과서, 공책을 꽂는다.

* 책꽂이 파일, 리듬 악기 주머니, 클리어 파일 등을 사물함에 (세워서) 넣는다.

* 사물함에 들어가는 (바구니)에 주사위, 미니북, 각종 준비물 등을 넣는다.

<책상 서랍 정리 약속>

* 책상 서랍 반쪽에 들어갈 수 있는 크기의 (바구니)를 준비한다.

* 바구니에 색연필, 가위, 풀, 투명 테이프, 색종이, 필통 등을 넣는다.

* 바구니 옆에는 그날의 시간표대로 (교과서와 공책)을 순서대로 준비한다.

* (쉬는 시간)마다 다음 시간에 필요한 교과서와 공책을 책상 위에 올려놓는다.

<책상 주변 정리 약속>

* 책가방은 짝이 있는 경우 책상의 (바깥쪽)에 걸어둔다.

* 책가방에 물건을 넣을 때는 책가방을 (의자나 책상) 위에 올려놓고 지퍼를 잠근다.

* 책상의 (안쪽)에는 미니 빗자루와 쓰레받기를 걸어 둔다.

<화장실 사용 약속>

* 화장실에 들어갈 자리가 없을 때는 (복도)에서 한 줄로 기다린다.

* 화장실 변기가 있는 칸에 (혼자) 들어간다.

* 옷을 입고 (물)을 내린 다음 세면대에서 손을 씻는다.

학급
조직하기

　학기 초에는 아이들에 대한 정보가 없기 때문에 번호순으로 남학생 한 줄, 여학생 한 줄로 임시 자리를 배치합니다. 이 상태로 1주일 정도 생활합니다.

　첫 일주일은 모둠별, 혹은 분단별로 1인 1역을 대신하게 하고, 학급 임원 선거가 끝난 직후 바로 학급 부서를 조직합니다. 그에 따른 위원회 활동을 실시하는 학급이 있는가 하면 위원회 활동을 하지 않는 학급도 있습니다.

　선생님들 마음은 모든 학생들이 한 번씩 돌아가며 짝을 하고, 스스로 자신의 일을 척척해나가며, 아무런 다툼 없는 즐거운 학급 살이가 되기를

희망합니다. 하지만 3월이 지나고 서로에게 적응할 때쯤이면 아이들의 관계는 생각보다 원만하지만은 않습니다. 각자의 성격, 신체적 특성, 경험, 관심, 자라 온 가정환경들이 천차만별이기 때문입니다. 부모님들의 관심, 참여 또한 관계 형성에 영향을 줍니다.

어떤 반은 선생님이 교실에 계셔도 다툼이 끊이지 않는 반이 있는가 하면, 어떤 반은 선생님이 교실에 계시지 않는데도 학급 아이들의 관계가 풍성하고, 스스로 자신의 일을 찾아서 하는 학급이 있습니다. 이런 학급들은 어떤 비밀이 숨어 있을까요? (힌트 - '자리(모둠) 정하기, 1인 1역할 정하기, 학급 위원회(부서) 조직하기')

이렇게 활동해요

<자리 정하기>

3월 학급 세우기 기간 동안은 가급적 선생님이 남학생 한 줄, 여학생 한 줄로 남녀가 짝이 되도록 앉게 하는 것이 좋습니다. 학습 훈련도 시켜야 하고, 아직 학급 세우기가 되지 않았기 때문에 짝과 모둠에 예민한 아이들이 자리 문제로 스트레스를 받을 수도 있기 때문입니다.

▨ **교사 준비물**: 없음
▨ **학생 준비물**: 학생 본인만 알 수 있는 소지품

① (남학생과 여학생이 짝이 된다는 가정하에) 교실에서 남학생 또는 여학생 중 한 팀은 교실에 그대로 남고, 다른 한 팀은 복도로 나갑니다. 복도에 있는 팀은

교실 안을 보지 않도록 미리 안내합니다.

② 교실에 남아 있는 팀은 본인이 앉고 싶은 책상 위에 자신의 소지품을 올려놓습니다. 앉고 싶은 자리가 중복되면 가위, 바위, 보로 정하게 합니다.(시력, 청력, 키는 배려는 해주세요)

③ 교실에 있는 팀은 복도로 나가고, 복도에 있는 팀은 교실로 들어옵니다.

④ 교실로 들어온 복도팀은 소지품이 없는 자리에 앉습니다. 앉고 싶은 자리가 중복되면 가위, 바위, 보, 게임으로 정합니다.

⑤ 복도로 나간 교실 팀이 다시 교실로 들어와 자신의 소지품이 놓인 자리에 앉습니다.

⑥ 자리 교체를 희망하는 학생에 한해 1:1자리 교체를 합니다.(짝이 될 아이의 의견 배려, 헤어질 때는 멘트가 중요합니다. '친해지길 바래~~')

<1인 1역 정하기>

1인 1역 활동이 학급에 잘 정착만 된다면 선생님이 아이들에게 굳이 잔소리를 하지 않더라도 항상 깨끗하고 정리된 교실로 만들 수 있습니다. 선생님은 1인 1역 정하는 방법만 알려주고, 학급회의를 통해 아이들 스스로 정하고 바꿀 수 있도록 하는 방법이 학생의 참여도를 높입니다.

■ **교사 준비물**: 명함 크기의 1인 1역 카드(앞면 - 역할 이름, 뒷면 - 활동 방법)
■ **학생 준비물**: 없음

① 학생들과 함께 학급에서 꼭 해야 할 활동을 하나하나 정합니다.

② 각 활동에 필요한 인원을 정합니다.

③ 1인 1역할을 며칠 간격으로 바꿀지 토의합니다.(매일, 3일, 5일 등)

④ 처음 1인 1역할을 정할 때는 제비뽑기를 하고, 두 번째 1인 1역할 정하

기부터는 학생들이 어떤 순서(번호순, 모둠순, 칭찬 자석 순 등)로 제비뽑기를 할 것인지 토의합니다.(1인 1역 카드 뽑기는 2번째부터 사용 가능하겠지요?)

⑤ 1인 1역 활동이 정해지면 눈에 잘 띄는 교실의 벽면 또는 환경판에 게시하고, 모두가 확인할 수 있게 합니다.

<학급 위원회(부서) 정하기>

학급 위원회(부서)를 정하는 것은 교사의 교육철학, 학년 수준, 학생 관심사에 따라 달라지는데 크게 세 가지 유형으로 나누어 볼 수 있습니다.

먼저 학습부, 미화부, 생활부, 체육부, 환경부와 같은 학급회의 부서의 명칭입니다. 이는 여러 행사에 맞춰가기는 쉽지만, 학생 개개인의 특성을 살리는 활동은 어려워 형식적으로 운영될 수 있습니다.

두 번째로는 입법부, 사법부, 행정부, 언론 등의 기관 이름을 본뜬 명칭입니다. 이는 각 사회 기관에서 하는 일을 스스로 체험할 수 있고 그 기관의 역할을 이해할 수 있다는 장점이 있지만, 저학년 학생들이 참여하기에는 어려울 수 있습니다.

세 번째로는 연극부, UCC부, 체육부와 같은 동아리 중심의 위원회입니다. 아이들의 자발성과 교사의 학급 운영 계획을 극대화할 수 있다는 장점이 있지만, 반대로 학생들의 흥미 위주로만 조직되고 운영될 수 있습니다.

■ **교사 준비물**: A4용지, 부서 모집 요강의 예시
■ **학생 준비물**: 없음

① 세 가지 유형의 위원회 중 학급 위원회의 명칭을 어떻게 할지 한 가지 정합니다.(학급 회의로 정해도 좋고, 선생님의 교육 철학을 반영하여 정해도 좋습니다.)

② 교실의 각 코너에 위원회의 명칭과 모집 요강, 모집 인원을 적어 놓습니다.

③ 학생들은 교실 코너를 돌며 각자 가입하고 싶은 위원회에 자신의 이름을 써 놓습니다.

④ 모집 인원이 초과된 위원회는 모집 요강에 맞춰 회원을 선발합니다.(쉬는 시간, 중간 놀이, 점심시간에)

⑤ 모집 인원이 미달된 위원회는 다른 위원회에서 회원을 스카우트합니다.

⑥ 각 위원회별로 모여 활동의 목적, 구호, 대표를 정합니다.

⑦ 학급 회의에서 학급 위원회(부서)를 바꾸는 기간, 연임 횟수, 신설, 폐쇄 등 학급 규칙을 정합니다.

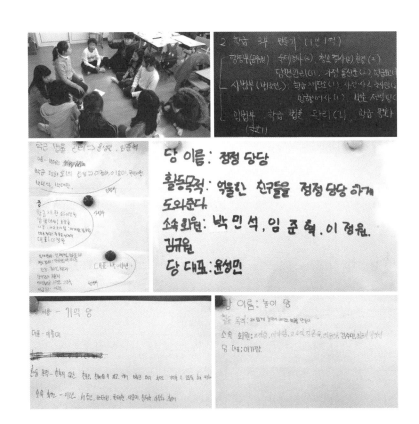

❖ 1인 1역 활동은 학급회의를 거쳐 언제나 수정 가능합니다.(총 24명)

소프트웨어 교육을 위한 학년별 연간 수업시수 배정

역할	필요 인원	월		화		수		목		금	
		담당	확인	담당	확인	담당	확인	담당	확인	담당	확인
칠판	1										
교실 문틀	1										
교실 쓸기	3										
복도 쓸기	1										
복도 창틀	1										
교실 창틀	1										
신발 장	1										
기름 걸레	2										
손걸레	2										
우유	1										
교탁	1										
자료대	1										
학급 문고	1										
환경판	1										
화분	1										
쓰레기	2										
특별실	3										

❖ 교실 코너에 각 위원회(부서)를 만들고, 모집 인원과 요강에 따라 회원을 모은 후 위원회 활동의 목적, 구호, 대표를 정하였습니다.

❖ 자리 정할 때 생각해 봐야 할 점

- 책상과 의자 배치: 교실 책상 배치는 크게 분단식, 모둠식, 마제식(U자형)
으로 나눌 수 있습니다. 각각의 방식에는 모두 장점과 단점이 있어 수
업 주제에 따라 그때그때 사용할 수 있도록 학습 훈련을 해 놓는 것이
좋습니다. 다만 교실 안전사고를 대비해 책상 간 공간을 충분히 마련
하고, 출입문과 쓰레기통 옆에는 여유 공간을 두어야 합니다.

- 짝과 자리를 정할 때: 질병이나 장애가 있는 아이에게 우선권 주기, 학
교폭력이나 왕따의 문제가 있는지 살펴보기, 가급적 여러 친구와 앉을
수 있도록 배려를 합니다.

학급
환경 정리

　새 학년 시작과 함께 교실에 들어선 선생님은 학급 환경 정리를 어디부터 시작해야 할지 막막하기만 합니다. 교실 이곳저곳 눈에 밟히는 곳도 많고 꾸미고 싶은 곳도 많으시겠지만, 우선 '교실 비우기'부터 추천해 드립니다. 이전 연도에 아이들이 사용했을 사물함, 자료대, 책상 서랍, 그리고 일년에 한 번 쓸까 말까 하는 학습자료, 시청각 자료 등을 일단 과감하게 비워 보세요. 그럼 무엇을 채워야 할지 새록새록 떠오를 것입니다.

　'교실 바꾸기'를 하고 나서, '교실 채우기'에 대한 나름의 원칙을 세워 볼까요? 교실은 선생님과 아이들이 하루 일과 중 가장 많은 시간을 보내는 곳입니다. 초등학교의 경우, 한 명의 선생님이 매시간 교과 활동을 비롯한 학급 생활 전반을 책임지는 공간입니다. 그런 이유로 담임선생님의 교육 철학과 그에 따른 주된 교육 활동의 결과물이 고스란히 묻어나게 됩니다.

　그래서 일 년 혹은 한 학기 동안 교실에서 이루어질 주된 활동이 어떤 것일지 생각해 보아야 합니다. 예를 들면 1~2학년 같은 경우에는 봄, 여름, 가을, 겨울에 따른 놀이·만들기·꾸미기 결과물을, 3~4학년 같은 경우에는 우리 고장과 지역의 사회·문화·자연의 특징에 대한 조사·발표와 체험에 대한 학습결과물을, 5~6학년 같은 경우 우리나라의 역사와 문화, 정치, 경제, 사회 문제에 대한 토의·토론·체험 중심의 학습 결과물을 염두에 두고 교실 채우기를 해야겠지요?

<교실 채우기를 위한 준비>
① 내가 맡은 학년은?
② 올해 학급경영의 목표와 철학은?
③ 올해 아이들이 주로 하게 될 활동은?

학기 초, 교실에 꼭 있어야 할 것들!

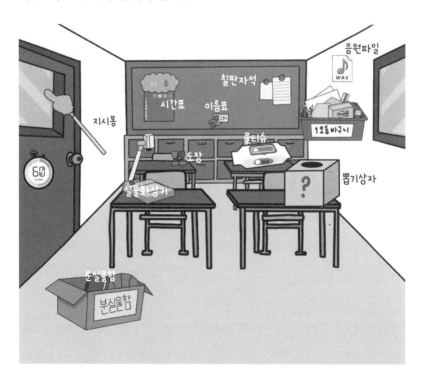

<교실 앞면>

교실 앞면은 하루 동안 아이들의 시선이 가장 많이 가는 곳입니다. 선생님이 주로 활동하는 공간이기도 하지만 학생들에게는 개인·모둠·전체 활동 후 의견 발표를 하는 공유의 장이기도 합니다. 그래서 되도록 아이들의 시선을 분산 시키지 않도록 최대한 앞면을 비우거나 최소한으로 활용합니다. 색을 쓰는 경우에도 원색보다는 차분한 색을 쓰는 것이 좋습니다. 대부분의 경우 교사용 책상과 PC도 교실 앞면 한편에 있을 경우가 많은데, 바구니와 서랍, 책장을 가지런히 정리하여 아이들의 시선을 방해하지 않아야 합니다. (퇴근 전에 교사용 책상 위를 깨끗하게 정리하는 것도 잊지 마세요~)

<뒷 게시판>

교실에서 가장 넓은 공간을 차지하는 교실 뒤 게시판은 한때 학교에서 내려진 계획과 지침에 따라 정해진 기간 동안 벽면을 빼곡하게 채워야만 했습니다. 심지어 심사표까지 만들어가며 학교관리자의 검사를 받아야 했던 시절이 있었을 만큼 선생님들께 가장 부담이 되는 공간이었습니다.

하지만 학교 민주주의와 학생 참여형 수업의 확산으로 인해 이 공간이 점차 아이들이 주인공이 되는 공간으로 바뀌게 되었습니다. 선생님의 역할은 이 공간을 아이들의 학습 결과물뿐만 아니라 학급 모두의 아이디어가 공유될 수 있는 플랫폼이 될 수 있도록 만드는 것입니다.

게시판의 타이틀도 계절과 학습 주제, 아이들의 의견에 따라 바뀌기 때문에 화려하고 거창하기보다는 그때그때 아이들이 써서 붙이는 것도 좋고 (저학년 아이들의 경우 정자로 출력된 윤곽선 글씨를 색칠하여 오려 붙이는 것을 추천합니다), 선생님이 프린트해서 단정하게 붙여 놓는 것도 좋습니다. 선생님의 역할은 게시판이 아이들의 놀이터가 될 수 있도록 플랫폼을 구축하는 것입니다.

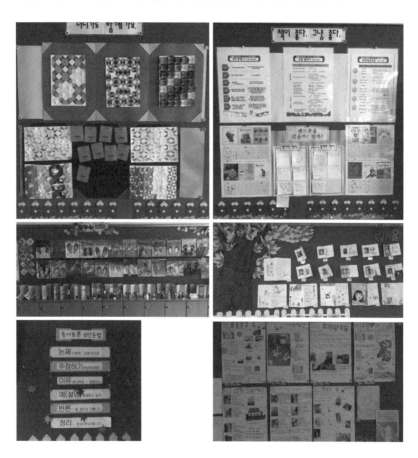

\<교실 창문 쪽 면\>

우리나라는 사계절이 뚜렷합니다. 깨끗한 창문 너머로 보이는 계절의 변화와 하루하루 창문을 통해 넘어오는 흙, 비, 나무 냄새는 그 자체로 훌륭한 교육 활동입니다. 창문 쪽은 햇빛이 가장 많이 들어오고 바람이 불어오는 유일한 공간일 테니 관찰 동식물 기르기, 스테인드글라스·모빌 만들기 등 자연의 변화와 특징을 관찰할 수 있는 공간으로 만드는 것은 어떤가요?(교사 사물함과 같이 키가 큰 가구들이 햇빛을 가리지 않게 배치해 주세요)

\<교실 복도 쪽 면\>

교실의 복도 쪽 면은 창문 쪽 면과 다르게 햇빛이 잘 들어오지 않아 다소 어둡습니다. 그리고 학급 구성원 모두가 사용하는 교수학습 자료와 교구를 정리할 수 있는 가구로 배치된 경우가 많습니다. 복도 쪽 창문을 통해 들어

오는 햇빛을 가리지 않게 가구 위에 가급적 물건을 올려놓지 않습니다. 교수학습 자료와 교구를 항상 정리·정돈하며 시계는 잘 보이는 곳에 걸어둡니다. 노끈과 집게를 이용하여 작품을 걸어 놓는 방법을 추천합니다.

<복도 환경>

교실 복도 쪽은 어느 학교나 통행량이 많은 곳입니다. 쉬는 시간이면 뛰어다니는 아이, 큰 소리로 떠드는 아이들로 인해 사건·사고도 많이 발생하는 장소입니다. 요즘은 아이들에게 공간을 돌려주자는 취지로 기존의 복도 공간을 쉼터, 책 놀이터 등으로 활용하여 오히려 조용한 복도 환경으로 만드는데 성공한 학교도 있고, 학생들 숫자에 비해 운동장이 작은 학교 같은 경우에는 아예 실내 놀이터로 만든 경우도 있습니다. 일반적인 복도 활용 방법으로는 동 학년 또는 전체 학년 모두가 참여할 수 있는 게시판을 만들

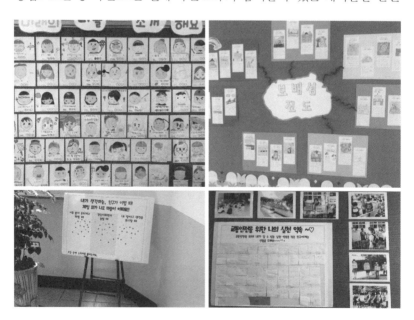

기도 합니다. 학년 프로젝트 수업 방법 또는 과정을 전시하기도 합니다.

그런데 이렇게 다수가 참여하는 게시판을 사용할 때는 특정 학생을 놀리거나 비밀을 폭로하는 경우가 종종 발생하니 '게시판 실명제', '클린 게시판 운동' 등 학교 폭력을 예방하기 위한 교육을 정기적으로 실시해야 합니다.

칭찬과
벌

학급 세우기의 마지막 단계 '칭찬과 벌'입니다. 학기 초, 학급 세우기 활동을 하며 친구들끼리 지켜야 할 약속을 정하고, 문제가 생겼을 때 해결하는 방법을 배웠다면 '칭찬과 벌'은 피드백이라고 할 수 있습니다. 아이들을 조금 더 이해하기 위해 콜버그의 도덕성 6단계를 참고해 볼까요?

1단계: 벌과 복종의 단계
⇨ 벌을 피하려는 단계를 말합니다. 숙제를 안 해오거나 학교폭력을 할 경우 벌을 받게 되니, 벌을 받지 않기 위해 숙제를 하거나 학교폭력을 하지 않는 것입니다.

2단계: 도덕적 목적과 교환의 단계
⇨ 도덕적 목적과 교환, 즉 보상을 원하는 단계입니다. 칭찬받을 행동을 하여 보상을 해 주면 계속 긍정적인 행동을 하는 단계입니다.

3단계: 개인 간의 상응적 기대·관계·동조의 단계
⇨ 다른 사람을 기쁘게 하는 것을 말합니다. 마니또에게 선물 또는 도움을 주었을 때, 상대 친구가 '좋아하기 때문에 그냥 한다.'는 것이 3단계에 해당합니다.

4단계: 사회 체제와 양심 보존의 단계
⇨ 사회의 규칙 따르기를 의미합니다. 학기 초에 하는 학급 세우기 활동이 이에 해당됩니다. '친구들과 함께 만든 규칙이기 때문에 한다'는 것이 4단계에 해당합니다.

5단계: 권리 우선과 사회 계약 혹은 유용성의 단계

⇨ 배려의 단계입니다. 사회적, 신체적으로 약자인 친구들에게 학급 규칙을 넘어 배려를 하는 단계입니다.

6단계: 보편·윤리적 원리의 단계

⇨ 백혈병과 싸우는 아이들을 위해 자신의 머리카락을 남몰래 기부하는 것처럼 나에게 이익도 없고, 누가 알아주지 않아도 인류 보편·윤리적 양식을 따르고자 하는 단계입니다.

학급 세우기로 4단계까지 이르는 계단을 만들어 놓았지만, 사실 학급에서 정한 약속을 잘 지키는 친구가 있는가 하면, 잘 지키지 않는 친구가 생기기 마련입니다. 선생님의 역할은 학급규칙에 대한 아이들의 행동에 공정하고 꾸준한 피드백을 해주시는 것입니다.

이렇게 활동해요

<칭찬 자석판>

칭찬 자석판은 별다른 준비물 없이도 칠판에 붙이는 자석만으로 아이들의 행동에 대해 즉각적 피드백을 할 수 있다는 장점이 있습니다. 하지만 모둠별로 칭찬 자석을 부여하기 때문에 무임승차하는 아이가 발생할 수도 있습니다.

■ **교사 준비물**: 칭찬 자석(지름 각 2cm, 4cm 원형)
■ **학생 준비물**: 없음

① 지름 2cm, 4cm가 되는 동그란 자석을 충분히 준비합니다.
② 칠판의 한구석 또는 보조 칠판에 모둠의 이름을 적어 붙여 놓습니다.

③ 다른 친구를 도와주거나 학급의 일을 솔선수범하는 등 개인 또는 모둠이 칭찬받을 만한 행동을 했을 때, 지름 2cm 자석을 하나씩 붙여 줍니다.

④ 2cm 자석이 5개가 모이면 지름 4cm 자석 하나로 바꾸어 줍니다.

⑤ 자석의 개수가 많은 모둠일수록 체육관, 급식실, 미술실, 컴퓨터실 등으로 빨리 갈 수 있는 기회를 제공합니다.

<칭찬 스티커와 쿠폰>

칭찬 자석판이 모둠에게 피드백을 줬다면, 칭찬 스티커는 각 개인의 행동에 피드백을 줄 수 있습니다. 학급 일에 솔선수범하거나, 누가 시키지 않았는데도 도움이 필요한 다른 친구들을 도와주는 학생에게 칭찬 스티커와 쿠폰을 제공한다면, 무임승차는 아이는 점차 줄어들 것입니다.

■ **교사 준비물**: 스티커, 스티커 판, 쿠폰
■ **학생 준비물**: 없음

① 학급 학생들의 이름이 들어간 A3 사이즈의 스티커 판을 준비합니다.

② 스티커를 몇 개 모았을 때 쿠폰을 줄지 정합니다.

③ 다른 친구를 도와주거나 학급의 일을 솔선수범하는 등 개인이 칭찬받을 만한 행동을 했을 때, 스티커를 스티커 판에 하나씩 붙여 줍니다.

　　(고학년의 경우 어떤 경우에 칭찬 스티커를 받을 수 있는지 학급 규칙으로 정할 수 있습니다.)

④ 안내한 스티커 개수에 도달한 친구들에게는 쿠폰을 제공합니다.

<효과적인 벌>

21세기 선생님들은 학생들에게 벌을 줬다는 말이 들려오면 스스로 두려움을 느끼는 무서운 시대에 살고 있습니다. 물리적인 체벌을 물론이고, 정서적인 체벌도 얼마든지 아동학대가 될 수 있기 때문입니다. 하지만 스키너의 '조작적 조건 형성 이론'에 따르면 정적 강화와 부적 강화가 이론으로 정립되어 있으며, 응용 행동 분석의 '행동수정 전략'에서는 강화와 벌이라는 이름으로 잘 정립되어 있습니다.

앞서 말씀드린 칭찬 자석판과 스티커·쿠폰은 강화, 즉 바람직한 행동을 유도하는 방법이 되겠고, 이제 말씀드릴 벌은 바람직하지 못한 행동을 제거하도록 하는 방법입니다. 다만 벌을 제공할 때의 유의점으로는 다음의 사항을 꼭 지켜야 합니다.

① 누구에게나 공정하게 부여하기
② 공개적으로 부여하지 않기(망신 주지 않기)
③ 학습을 벌로 부여하지 않기
④ 규칙을 어겼을 때 어떤 벌이 주어지는지 미리 알려주기
⑤ 벌을 부여하기 전에 학생에게 설명 듣기
⑥ 꾸중한 내용 학부모에게 알리기

행동수정 전략에서 제공하는 문제행동 감소 기법을 소개하자면

① **상반 행동의 강화**: 바람직한 행동을 찾아 강화하는 방법이며 왕따와 학교폭력 같은 문제를 사전 지도하기 위하여 이루어지는 대화와 소통, 책임, 규정, 성장, 경청과 같은 회복적 생활교육이 그 예입니다.
② **타임아웃**: 다른 장소에 잠시 격리하는 방법입니다. 학급에서 문제가 되는 학생을 복도나 교실의 한 쪽에서 서있게 하는 방법으로 많이 쓰였지만, 학생의 인권과 학습권을 침해할 수 있습니다. 따라서 교실 뒤에 나가 서 있으라고 한 후, 수업에 집중할 수 있을 때 스스로 들어오게 합니다.
③ **소거**: 문제행동을 강화하는 요인을 제거하는 방법입니다. 예를 들어 카드와 장난감, 스마트폰 게임으로 친구들과 싸웠을 경우, 그것들을 학급에서 가지고 놀지 못하게 합니다.

④ **반응대가**: 기존에 받았거나 앞으로 받을 강화물을 박탈시키는 방법입니다. 기존에 받았던 칭찬 자석·스티커·쿠폰을 다시 회수하는 것이 이에 해당합니다.

⑤ **물리게 하기**: 질릴 때까지 계속하게 하는 것입니다. 체육 시간 축구만 하자고 조르는 아이들에게 계속 축구만 시키면 질려서 축구 말고 다른 운동도 하자고 할 것입니다.

이렇게 활동했어요

❖ 많은 준비 없이 간단히 준비물로 할 수 있는 칭찬 자석판과 칭찬 스티커판, 칭찬 쿠폰제를 운영하였습니다. 칭찬 자석판으로 모둠의 팀워크를, 칭찬 스티커와 쿠폰으로 개인행동에 대한 피드백을 하였습니다.

칭찬 쿠폰으로는 '1일 반장, 좋아하는 노래 듣기, 점심 식사 제일 먼저 하기, 숙제 내일 제출하기, 선생님이 준비물 빌려주기, 자리 내 마음대로 앉기, 짝꿍 내 마음대로 정하기, 칭찬 자석 +2, 과자, 칭찬 스티커 +1'과 같이 간식보다는 학교생활의 소소한 재미를 느낄 수 있는 내용으로 준비하였고, 쿠폰을 코팅해 칭찬 스티커가 5개씩 모일 때마다 제비뽑기를 하였습니다.

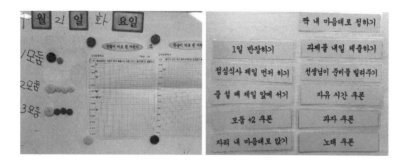

❖ 칭찬과 벌을 부여할 기준이 모호할 때- 생각하지 못한 의외의 상황에서 칭찬을 해야 할지, 벌을 줘야 할지 애매할 때가 있습니다. 교실의 모든 실태와 그때그때의 상황이 조금씩 다르기 때문입니다. 그랬을 경우, 칭찬 스티커를 주거나 벌을 줘야겠다는 생각을 한 번씩만 접어 보는 것이 어떨까요? 대신 새로운 상황에서 아이들에게 어떻게 하면 좋을지 스스로 되물어 보는 것입니다. 피드백을 하는 선생님은 공정해야 하기 때문입니다.

❖ 벌을 꼭 주어야 할까? 좋은 칭찬을 많이 할수록 학생들에게 교육적인 효과가 좋다는 것에는 다들 인정합니다. 하지만 학교에서 벌이 꼭 필요한가에 대해선 논란이 많습니다. 벌주는 것을 좋아하는 학부모도 있고 싫어하는 학부모도 있으므로 벌을 주기보다는 벌이라는 명목하에 학생 개인별 교육 활동을 하는 것이 좋습니다. 예를 들어 친구에게 욕을 한 학생에게는 친구의 칭찬을 10가지 찾아와서 다음날 아침 시간에 발표하는 등의 교육 활동이 효과적입니다.

음악 약속
학급경영

쉬는 시간이나 점심시간이 끝나갈 무렵, 한참 신나게 놀고 있을 아이들을 다시 책상으로 불러 모으는 방법으로 교탁 종 울리기, 타이머 맞추기, 교탁에서 기다리기 등 선생님 각자만의 노하우가 있습니다. 이미 아이들과 약속된 것이기에 아이들은 이내 자리에 앉고 수업을 시작하게 됩니다.

하지만 1학년 담임을 처음 맡은 선생님들은 1년이 끝나가도록 아이들을 다시 불러 모으려고 씨름하는 경우를 종종 보게 됩니다.(제가 바로 그런 선생님이었습니다 ㅠㅠ)

수업 종이 울리면 자연스럽게 자기 자리에 앉고, 다음 시간 공부할 책을 펴고, 중간놀이 시간에 맞춰 우유도 마시고, 청소시간이 되면 청소도 척척, 학교 끝날 무렵 알림장도 잘 쓰는 학급경영의 비법이 있다면 궁금하지 않으세요?

그럼, 음악 약속으로 시작하여 음악 약속으로 끝나는 저학년 학급경영의 노하우를 소개해볼까 합니다.

■ **교사 준비물:** 아침 인사, 자리 앉기, 우유 마시기, 청소하기, 끝인사 관련 음원. '칭찬과
　　　　　　벌'편에서 소개한 칠판 자석

■ **학생 준비물:** 없음

① (아침 인사할 때) 1교시 시작 5분 전, 출석을 확인하고 하루의 시작을 알리기
위해 아침 인사 음원을 틀어 놓고, 율동과 함께 인사를 합니다. 기분이
좋지 않은 상태로 등교한 아이, 친구들과 떠드느라 바빴던 아이, 아직
잠이 덜 깬 아이 모두 율동과 함께 인사하다 보면 몸도 마음도 즐겁게
하루를 시작할 수 있습니다.

② (쉬는 시간이 끝나고 아이들을 불러 모을 때) 수업이 끝나기 전, 다음 시간에 준비해야
할 교과서와 준비물을 안내하고 쉬는 시간을 줍니다. 쉬는 시간이 끝
날 무렵에 아이들을 불러 모으는 음원을 틀어 놓습니다. 먼저 자리에
앉는 모둠부터 칠판 자석을 많이 부여합니다.

③ (중간놀이 우유 마실 때) 우유 당번이 우유를 가져오면, 정신없이 놀고 있을 아
이들에게 우유에 관련한 음원을 틀어 놓습니다. 우유를 다 마시고 정

리할 때까지 음원을 틀어 놓습니다.

③ (청소시간) 청소 시작과 동시에 음원을 틀어 놓습니다. 자기 자리 정리하기부터 시작하여 빗자루와 쓰레받기로 모둠 주변과 특별 구역을 쓸고, 물티슈로 자신의 책상과 의자를 닦은 다음 자신 주변의 교실 바닥을 닦습니다. 음원을 들으며 하나하나 청소하는 방법을 익히면, 고학년 친구들의 도움 없이도 스스로 청소를 잘 할 수 있습니다.

④ (안내장 쓰는 시간) 1학년 아이들은 아직 한글 쓰기가 서툴러, 안내장 쓰기와 받아쓰기는 2학기부터 권장하고 있습니다. 가사가 있는 음원보다는 차분한 가곡, 경음악이 좋습니다.

⑤ (작별 인사 하는 시간) 알림장과 과제를 챙기는 동안, 청소시간에 썼던 음원을 틀어 본인의 책가방을 정리하도록 하고 불러 모으기 음원을 틀어 아이들을 자리에 모은 후, 작별 율동으로 하루를 마무리합니다.

이렇게 활동했어요

❖ '소리 보따리'의 '안녕 안녕 친구들'이라는 곡을 아침 인사 음원으로, '손뼉 치며 앉아볼까요'라는 곡을 쉬는 시간 끝날 무렵 아이들을 불러 모으는 음원으로, '정리송'이라는 곡을 청소시간의 음원으로, '랄랄라 인사해요'라는 곡을 작별 인사 음원으로 주로 사용하였습니다.

❖ '우유송'을 우유 마실 때의 음원으로, '피아노 명곡과 오케스트라 명곡'을 안내장 쓸 때의 음원으로 주로 사용하였습니다.

❖ 음원을 틀어주고 나서, 잘하는 모둠에게 칠판 자석을 부여했습니다. 개인적으로 훌륭한 아이에게 칭찬 스티커를 부여하면 음원의 효과가 더 컸습니다.

❖ 음원이 없을 때는 수신호로

- 선생님을 보세요: 머리 위로 주먹 하나(먼저 본 아이들부터 따라 하기)
- 한 줄로 서세요: 오른손 검지손가락 하나
- 남·여 각 한 줄로 서세요: 양손 검지손가락 하나
- 동그랗게 서세요: 양손으로 원 모양 만들기
- 자리에 앉으세요: 양손을 위에서 아래로 내리기
- 자리에서 일어서세요: 양손을 아래에서 위로 올리기

❖ 고학년의 경우 유치하다고 싫어할 때 고학년은 몸동작이나 단순한 음악에 맞추어 움직이는 것을 유치하다며 싫어하는 경우가 많은데, 이런 경우에는 고학년에 맞는 음악을 선정하여 활용하는 것이 좋습니다. 음악은 학생들이 듣고 싶은 음악을 브레인 라이팅 기법으로 선정한 후, 한 달에 한 번씩 바꾸어 보세요. 과도한 약속이나 많은 움직임보다는

꼭 필요한 몇 개의 약속을 정하여 실시하는 것이 효과적입니다. 중간놀이가 끝나기 5분 전에 방탄소년단의 "다이너마이트" 곡을 틀어주는 것은 어떠세요?

사제동행
아침 독서활동

　학교 일과는 교사와 학생에게 모두 바쁘게 진행되기 때문에 아침 활동 시간은 선생님의 철학을 담아 학생들과의 활동을 진행할 수 있는 가장 적절한 시간입니다. 그래서 선생님의 교육 철학에 따라 전날 숙제 마무리, 보충학습 등과 같이 다양한 형태로 진행됩니다. 특히 많이 진행되고 있는 활동은 독서 활동입니다.

독서 활동이 가장 널리 진행된다는 것은 그만큼 독서 활동이 중요하고, 아침 활동에 적합하기 때문입니다. 하지만 아침 시간의 활용 방향에 대한 고민도 없이 천편일률적으로 독서 활동을 진행시키기보다는, 교실의 상황과 학생 실태, 교사의 판단에 따라 적절한 활동들을 첨가해 진행시켜 보는 것은 어떨까요?

이렇게 활동해요

① 선생님이 책을 읽어주어요.
- 학생들의 집중력을 높이기 위해 선생님 주위로 둥글게 모이도록 합니다.
- 선생님이 책을 읽어줄 때 너무 연극적인 요소를 넣어서 읽으면 학생들에게 오래 읽어주기 어렵기 때문에 책의 길이를 고려합니다.
- 책을 읽어주는 중간에 학생들에게 질문하지 않고 책을 모두 읽은 후 학생들과 책에 대하여 가볍게 의견을 나누도록 합니다.
- 실물 화상기나 PPT 등, 화면 자료보다는 빅북 등을 통해 책의 그림을 학생들에게 직접 보여주면서 읽어주도록 합니다.
  선생님은 읽어줄 책을 미리 읽어보고 오도록 합니다.
- 긴 책을 읽어주는 것보다는 하루에 이야기가 끝나는 책을 읽어주는 것이 효과적입니다.
② 학생이 그림책을 읽어주어요.
- 선생님이 책을 읽어주는 활동을 한 달 정도 지속한 후에는 학생이 나와서 친구들 앞에서 책을 읽어주도록 합니다.
- 먼저 모둠에서 순서대로 친구들에게 책을 낭독한 후 모둠 낭독왕을

선정하여 학급 전체를 대상으로 책을 읽어주도록 하고, 희망하는 학생
이 있는 경우 희망 학생이 낭독하도록 할 수 있습니다.
- 사전에 옆 반 선생님과의 협의를 통해 한 달에 한 번씩 우리 반 낭독
왕을 뽑아 다른 반에 가서 책을 읽어줄 수 있는 기회를 제공합니다.

이럴 때는 이렇게

❖ 아침 시간에 책을 고르면서 시간을 쓰거나 자리에서 계속 일어나는 학
생이 있는 경우

학생들이 전날 읽을 책을 미리 정해서 종례 시에 책상 위에 올려놓고 가
도록 하는 방법이 있습니다. 다음날 등교한 학생들이 바로 책상 위에
놓여있는 책을 읽을 수 있어 불필요한 시간을 줄일 수 있습니다.

❖ 독서에 집중하지 못하는 학생이 있는 경우

여러 사람이 같이 책을 읽어서 집중하도록 하거나, 교사가 먼저 책 읽
는 모습을 학생들에게 보여줌으로써 독서에 적극적으로 참여할 수 있
도록 이끌어 줄 수 있습니다.

❖ 학교에서의 독서활동이 집안에서의 혼자 독서활동과 별 차이가 없을 때

학생들이 스스로 책을 읽는 습관은 집에서 기르는 것이 올바른 방향입
니다. 학교에서의 독서 활동은 학생들끼리의 상호작용이 이뤄진다는 이
점을 살려서 진행되는 것이 좋습니다. 예를 들어 책의 내용을 바탕으로
학생들끼리 서로 질문 나누기, 친구들 앞에서 책의 내용을 설명하거나
발표하기, 다른 친구의 설명이나 발표를 듣고 정리하기 활동 등이 진행
될 수 있습니다.

❖ 학생들이 만화책을 주로 읽는 경우

만화책은 다루는 내용에 따라 학습만화로서의 역할을 할 수 있기 때문에 교사의 판단하에 허용할 수 있습니다. 다만 학생들에게는 줄글을 읽는 연습이 중요하므로 무조건적인 허용은 지양해야 합니다. 저학년의 경우 선생님이 책을 학생들 앞에서 읽어주거나 친구들끼리 서로 읽어주는 활동을 통해 줄글 책에 익숙해지도록 해야 합니다. 고학년의 경우, 그림이나 사진이 충분히 들어가 있으면서도 학생들 개개인이 흥미를 가지고 있는 분야의 도서부터 차근차근 시작하는 것이 좋습니다.

시
바꿔쓰기

국어시간, 시 쓰기 활동을 해보신 적이 있나요? 학생들이 시를 쓰면 대부분 내가 관찰한 풍경을 주제로 시를 쓰는 경향이 있습니다. 시를 쓸 때 자신의 생각과 일상생활의 모습을 담아 시를 쓸 수 있도록 지도한다면 학생들에게 좋은 성장의 기회가 될 것입니다.

시는 학생들에게 어떤 긍정적인 영향을 미칠까요? 학생들이 도서관에서 빌려오는 책을 살펴보면 소설책을 빌려 읽는 친구들은 많지만, 시집을 빌려 읽는 친구들을 찾기란 쉽지 않습니다. 그러므로 '시 바꿔 쓰기 활동'을 진행한다면 학생들은 유명하고, 내용이 좋은 시를 자연스럽게 접하게 될 것입니다. 이를 통해서 감수성을 키울 수 있고, 시의 구조나 형식, 시적 표현에 대해 풍부한 이해를 할 수 있게 될 것입니다. 더불어 시에 내포된 교훈을 통해 바람직한 인성을 기르는 기회로 활용할 수 있을 것입니다.

이렇게 활동해요

① 학생들이 좋아하고 공부에 도움이 되는 시를 선택합니다. 처음에는 짧고 간단한 시로 시작해서 점점 길고 복잡한 시로 진행합니다.

② 학생들이 선택한 시의 내용을 암기합니다. 시 한 편을 암송하며 학생들은 시를 바꾸기 전 시의 내용을 깊이 이해할 수 있도록 합니다.

③ 학생들의 생활 모습이나 평소 생각이 드러나도록 시를 바꿉니다. 시를 바꿔 쓰는 데 막연한 어려움을 느끼는 학생은 단어를 바꿔 쓰는 것에서부터 점차 문장을 바꿔 쓸 수 있도록 지도합니다.

④ 바꿔 쓴 시를 친구들 앞에서 낭독합니다. 바꿔 썼던 작품들을 학급에 게시한 후, 학생들이 교실을 옮겨 다니며 읽을 기회를 제공합니다.

선택한 시 <대추 한 알>   바꾼 시 <공부 잘 하는 아이>

❖ 만화 대사 바꾸기

인터넷, 신문기사, 교과서, 짧은 만화(4컷 만화) 등 많은 자료들이 있습니다. 그 자료들의 말풍선을 비워놓은 후, 채워 넣는 활동에 학생들이 즐겁게 참여하였습니다.

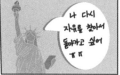

❖ 포스터 바꾸기

영화 포스터에 나오는 인물에 말풍선을 달아 영화 제목과 주제에 맞는 대사를 적어놓을 수 있습니다.

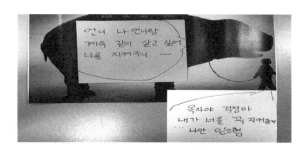

❖ 말풍선 꾸미기

모둠별로 스토리를 만들고 각 팀원이 나오는 사진을 네 컷 찍어서 그 장면에 말풍선을 넣어 꾸미는 활동입니다.

[시 낭송 대회]

학생들이 바꾼 시를 친구들 앞에서 낭송하는 대회입니다. 작품의 완성도를 평가하기보다는 학생의 참여에 의미를 두며 진행합니다. 시 바꾸기 활동을 한 후 5명 학생을 선정하여 반 학생들 앞에서 낭송을 진행합니다. 낭송하기 전에 미리 학생을 선정하여 최소 10번 이상 읽고, 암송이 가능하다면 암송까지 할 수 있도록 지도합니다. 또 선생님께서는 뉴에이지, 클래식 음악 등 잔잔한 음악도 낭송과 함께 들려주면 더욱 멋진 분위기를 낼 수 있습니다.

많은 학생들의 참여를 유도하고 싶다면 모둠별로 소그룹 낭송대회를 하는 것도 좋은 방법입니다. 학생들의 낭송 모습은 동영상으로 찍어 학급 홈페이지나 학부모님께 전송하면 추억이 쌓이는 단란한 학급이 될 수 있습니다.

등굣길
사진 콘테스트

스마트폰이 점차 대중화되면서 사람들이 주위를 둘러보기보다는 스마트폰에 많은 시간과 정신을 쏟게 되고 학생들조차 핸드폰을 손에서 놓지 못하는 현실입니다. 등교 시간 동안만이라도 학생들이 자신의 주변 사람과 풍경에 관심을 갖고 바라보며 삶의 활기와 여유를 느껴보는 시간을 가졌으면 합니다.

이렇게 활동해요

학생들은 등교하면서 주변에 보이는 예쁜 꽃, 사물, 풍경 등의 모습을 보고 자신이 가장 아름답다고 생각되는 모습의 사진을 찍습니다. 등굣길에 찍을 만한 사진이 없는 학생이 있다면 인물 사진(최근에 가장 고마웠던 사람, 예쁜 사람, 인상에 남는 사람, 나의 가장 예쁘고 귀여운 포즈 등)을 찍는 것도 좋습니다.

① 인물, 풍경, 사물 등으로 등굣길 사진의 주제를 제시합니다.
② 학생들이 등굣길에 풍경 등의 사진을 하나씩 찍어오도록 합니다.

③ 학생들이 찍어온 사진을 학급에서 운영하는 온라인 학급에 게시합니다.

④ 학생들이 찍은 사진을 보고 찍은 의도를 묻거나, 사진에 대한 감상 및 질문을 이야기합니다.

⑤ 인기가 많은 사진은 학급 환경 판에 게시합니다.

이럴 때는 이렇게

❖ **핸드폰이 없는 학생의 경우** 핸드폰이 없는 학생은 학교에 있는 태블릿 pc나 핸드폰이 있는 친구와 함께 등교합니다.

❖ **학생이 사진을 안 찍어오는 경우** 핸드폰으로 사진을 찍어오지 않는 학생의 경우에는 벌칙 사진을 찍는 것으로 합니다. 예를 들어서 자신의 웃긴 얼굴 찍기, 자신의 발바닥 찍기 등 재미있는 사진이나 우리 교실에서 가장 소중한 물건 찍기, 우리를 반성하게 하는 사진 찍기 등을 하도록 합니다.

7.16일 과제
등교하면서 주변에 보여지는 예쁜 꽃, 사물, 풍경 등의 모습을 보고 자신이 가장 아름답다고 생각되는 모습의 사진을 찍습니다.
등굣길에 찍을 만한 사진이 없는 학생이 있다면 인물 사진(최근에 가장 고마웠던 사람, 예쁜 사람, 인상에 남는 사람, 나의 가장 예쁘고 귀여운 포즈 등)을 찍는것도 좋습니다.
공개 댓글로올려주세요 내일 아침 9:00까지~!!!

보물찾기

보물찾기! 남녀노소 누구나 재미있어하고, 어느 레크리에이션 활동에서도 빠지지 않는 놀이입니다. 이 보물찾기 활동을 아침 시간에 활용하면 어떨까요? 하루를 긴장감 있게 시작하고, 학생들과 웃고 떠드는 즐거운 하루의 시작이 될 것입니다. 또한 보물 속에 숨겨진 선생님의 메시지로 인하여 학생들을 기대와 함께 등교하게 하며, 하루 학교생활의 목표도 제시해 주게 됩니다.

이렇게 활동해요

■ **교사 준비물**: 보물(A4용지 활용), 꼼꼼히 숨기기
■ **학생 준비물**: 정해진 시간 등교하기, 보물 찾는 열정

① 교사는 전날 또는 아침 일찍 학급에 보물을 숨겨 놓습니다.(학생들이 찾기 어려워하는 공간에 숨깁니다.)
② 학생들은 정해진 시간에 등교를 합니다.
③ 시작과 동시에 학생들은 정해진 시간(5~10분) 동안 보물찾기를 합니다.

④ 1인 1개의 보물만 찾을 수 있습니다. 보물을 찾은 학생들은 자리에 앉아 다른 학생이 모두 찾을 때까지 대기합니다.

이렇게 활동했어요

❖ 보물을 숨길 때 너무 잘 보이는 장소보다는 학생들의 교과서 속, TV 뒤, 사물함 틈새, 보드게임 상자속 등 쉽게 생각할 수 없는 곳에 숨기는 것이 좋습니다. 그리고 학생들이 찾기 어려워한다면 선생님이 잠깐씩 힌트를 줘 가면서 진행하는 것이 좋습니다.

❖ 보물 속 내용은 다양하면 좋습니다. 학생에 대한 칭찬, 1인 1역 휴식, 과자나 사탕 같은 음식 제공 등 학급의 분위기와 학생의 기호에 맞게 적절하게 사용합니다. 이 활동은 자주 할 수 있는 활동이 아니기 때문에 대부분의 학생들이 모두 보물을 찾을 수 있게 하면 좋습니다.

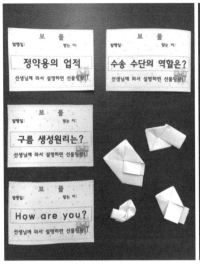

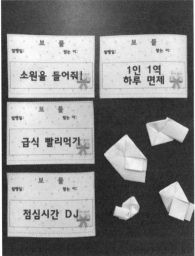

<선생님께 설명하면 보물권>   <프리패스 보물권>

❖ 등교 시간에 늦게 오는 학생의 경우 '부득이하게' 등교 시간에 늦는 학
생이 있을 수 있습니다. 병원에 갔다 온다든지, 아침에 부모님 일을 잠
깐 도우고 온다든지 등의 이런 학생을 위해 전체 학생들 동의 아래 '프
리 패스 보물권'을 만듭니다. 상자 안에 여러 보물 종이를 넣어 놓고 학
생이 뽑기를 뽑듯이 보물을 뽑는 것입니다. 이렇게 하면 누구 하나 소
외됨 없이 게임이 잘 진행될 수 있습니다.

❖ 학생 주도로 진행하는 경우 선생님이 부재중이거나 색다른 방법을 이
용하고 싶을 때는 학급의 임원들에게 진행을 맡기는 것도 좋은 방법입
니다. 때론 학생들이 선생님보다 학급에 필요한 것을 더욱 잘 알고 있
기 때문입니다. 그렇기에 선생님이 방향만 잘 잡아준다면 학급에 도움
이 되는 훨씬 다양한 보물 아이디어가 나올 것이고 학생들 사이 또한

좋아질 것입니다.

❖ '퀴즈 보물찾기' 형식으로 사회나 과학 같은 암기 과목의 문제, 수학의
연산 문제를 보물에 넣어 문제를 풀 수 있도록 하는 것도 좋은 방법입
니다. 더욱이 전날 배운 내용 위주로 퀴즈를 낸다면 학생들의 학습효과
가 한층 더 높아질 것입니다.

❖ 교실 내에서 하는 것도 좋지만, 날씨가 좋은 날에는 나무가 많은 학교
야외를 활용하여 보물찾기를 하는 것도 좋습니다. 아침 신선한 공기를
마시며 즐겁게 보물도 찾고 자연도 관찰하는, 학생들에게는 일석이조의
기회가 됩니다.

1분
스케치

선생님은 실물화상기를 준비하면 되고, 아디들은 연필과 종이만 있으면 됩니다. 주제는 주말에 있었던 일, 일주일간 친구들에게 미안했던 일·고마웠던 일·부탁하고 싶은 일, 동화책 속 인상 깊었던 일, 나의 장래희망, 친구 칭찬 등 자유입니다.

■ **교사 준비물**: 실물 화상기
■ **학생 준비물**: 필기도구, A4 종이

① 활동 하루 전, 아침 1분 스케치를 미리 안내합니다.
② 주제는 자유이지만 주말에 있었던 일, 일주일간 친구들에게 미안했던 일·고마웠던 일·부탁하고 싶은 일, 동화책 속 인상 깊었던 일, 나의 장래희망, 친구 칭찬 등 참고할 수 있는 주제를 던져줘도 좋습니다.
③ 시간이 오래 걸리지 않게 비주얼 씽킹 기법으로 작성할 수 있도록 합니다.
④ 완성된 친구부터 점차 속도가 느린 친구가 발표할 수 있도록 진행합니다.

< 책 소개 1분 스케치 >

■ **교사 준비물**: 실물 화상기
■ **학생 준비물**: 필기도구, A4 종이

주말 과제로 책을 읽고 정해진 양식에 독서 감상문을 작성해 오도록 하였습니다. 자신이 작성한 독서 감상문을 읽고, 수정할 수 있는 시간을 5분 정도 제공합니다. 학생 사회자가 되고, 선생님을 첫 발표자로 '책 소개 1분 스케치'를 진행합니다.

책 소개가 끝나면 친구들에게 '질문이나 보충 있습니까?' 라고 말한 후 질의응답시간을 갖습니다. 질의응답은 2~3개의 질문으로 제한하여 최대한 다양하고, 많은 학생이 할 수 있도록 합니다. 모두 끝나면 '이상입니다.' 라고 말하며 인사한 후 자리로 들어갑니다.

저는 는 나무를 소개하겠습니다.

책 사건 4문장으로 요약하기	'나'는 형과 사이좋게 지내고 싶다. 하지만 형은 늘 내 이야기에 딴 소리만 한다. 왜 그러는 거냐고 ░ 엄마에게 물어보았는데, 엄마가 대답했다. "눈을 감아보렴."
등장인물 소개하기	X
내가 등장인물이라면	엄마에게 물어보기 전에 형이랑 대판 싸웠을 것 같다.
등장인물에게 공감한 부분 또는 등장인물이 한심한 부분	몸에 얼룩이 많으면 몸이 더러워진거야! → 아니야! 몸이 더러워졌을 땐 몸에서 고린내가 나! 꼭 얼룩이 많다고 더럽지 않음! 여름날 땀(?)
가장 기억에 남는 문장	"무슨 소리야! 아빠는 뽀뽀할 때 따랍고 담배 냄새 나는 사람이야."
이 책이 좋은 이유	우리가 외적으로만 생각하던 것을 다양한 쓰임, 감각으로 생각해서 그려주었기 때문이다.

저는 빅토리아 페레스 에스크리바가 쓴 '눈을 감아보렴.'을 소개하겠습니다. 이 책의 주인공인 '나'는 형과 사이좋게 지내고 싶어 하지만, 왜인지 형은 늘 '나'의 이야기에 다른 이야기를 해 말싸움하기 일쑤입니다. 속상한 '나'는 엄마에게 달려가서 형이 왜 그러는 것이냐고 묻는데, 엄마는 그런 나에게 말합니다. " 눈을 감아보렴. " 제가 이 책 속 '나'였다면 아마 형과 크게 싸우고 말았을지도 몰라요. 형이 자꾸 이상한 소리를 하거든요. 하지만 형이 했던 말중에 재미있던 말들도 많습니다. 형이 '아빠는 뽀뽀할 때 따갑고 담배냄새나는 사람이야.' 라고 이야기 했던게 가장 기억에 남습니다. 왜냐하면 우리 아빠도 그렇거든요. 이 책은 우리가 눈으로 보는 물건과 사람들을 다양한 쓰임이랑 다양한 감각으로 표현해준 창의적인 동화책 같아서 여러분들께 소개합니다. 이상입니다.

< 친구 칭찬 1분 스케치 >

■ **교사 준비물**: 실물 화상기, 학급 우체통
■ **학생 준비물**: 필기도구, A4 종이, 쪽지 보관함 (없어도 괜찮지만 쪽지를 잃어버릴 위험이
　　　　　　　　있어요!)

① 매일 친구 칭찬을 2개씩 적어 보관함에 보관합니다. 이때 학급의 모든
　 친구들을 골고루 칭찬할 수 있도록 합니다.

② 일주일이 지나면 10개의 친구 칭찬 글이 있습니다. 이것을 바탕으로 친
　 구 칭찬 1분 스케치를 진행하도록 합니다.

③ 10개의 칭찬글 중에서 임의의 3개를 뽑아서 작은 쪽지를 활용하여 친
　 구에게 보낼 칭찬 쪽지를 만듭니다.

④ 학급 우체통에 넣으면 학급 칭찬 배달부가 칭찬 쪽지를 매주 금요일 아
　 침에 배달합니다.

⑤ 매주 금요일 아침활동으로 쪽지를 받은 친구가 전체 앞에서 실물 화상
　 기를 통해 마음에 드는 칭찬 쪽지를 보여주거나 쪽지를 만든 친구가 직
　 접 전달하는 시간을 갖는 것도 좋습니다.

❖ 무엇을 해야 할지 잘 모르겠다는 학생의 경우 지금의 기분, 사소한 일
상생활도 발표 자료로 사용할 수 있도록 지도합니다. 책 소개 1분 스케
치는 그림책처럼 짧은 책으로 소개하고, 점차 줄글이 많은 책으로 바
뀝니다.

❖ 학생 수가 많은 경우 모둠으로 진행하도록 하며, 위와 같은 방식으로
진행합니다. 책을 소개할 때는 반드시 자신이 읽은 책을 가지고 오도록
안내합니다.

❖ 칭찬 쪽지를 하나도 못 받는 학생이 있는 경우 매월 마지막 주는 '특집
몰빵 칭찬의 날'을 운영하여 그동안 칭찬을 못 받은 학생을 정하여 반
전체 친구들이 칭찬 쪽지를 하는 날이다 이 날은 친구들이 직접 그 학
생에게 가서 칭찬을 해주고 하이파이브나 포옹을 하여 주도록 합니다.

❖ 주말 동안 읽었던 책(사건-생각-느낌)이나 인물(외향-성격-특징) 등 형식을 제시
하고 활동할 수 있습니다. 이때 글씨를 못 읽는 저학년 학생의 경우 오
디오북 등을 이용할 수 있습니다.

❖ 수업 시간에는 발표 방법 지도가 어려우므로 아침 활동 시간을 활용하
는 것이 좋습니다.

❖ 학생들의 성향에 따라서 쪽지를 작성한 친구가 발표할 수도 있고 쪽지
를 받은 친구가 발표할 수도 있습니다.

❖ 칭찬을 가장 많이 받은 학생과 칭찬을 가장 많이 한 학생을 뽑아 칭찬
왕으로 선정할 수도 있습니다.

내가 원하는 아침 활동,
동아리 아침 활동!

다양성이 존중되는 교실에서 하나의 활동을 전체 반 학생들이 하는 것도 좋지만, 여러 가지 활동을 나눠 해보는 것은 어떨까요? 음악 감상, 선생님과 상담, 학교 및 학원 숙제 등 자신이 하고 싶은 활동을 골라서 수행한다면 동기부여와 수행능력을 더욱 높일 수 있을 것입니다.

■ **교사 준비물, 학생 준비물:** 각 동아리 부스에 필요한 준비물

① 학생들과 사전 협의하여 동아리 부스를 만듭니다.

② 교실을 3~4등분 하여 각 부스를 구성합니다.

③ 학생 선호에 따라 인원을 배치한 뒤 활동을 합니다.

④ 각 부스에 정해진 시간이 지나면 옆 부스로 옮겨 활동합니다.

학생들과 함께 협의하여 아침 동아리 활동을 정합니다. 소인 수 학급은 2~3개 다인수 학급은 4~6개 정도로 동아리를 만들면 좋습니다.

● **숙제 동아리**

담임교사가 내준 숙제를 하는 동아리입니다. 학원 숙제보다는 학교 숙제(질문 만들기, 문제 해결, 교과서 읽기 등)를 하는 방향으로 제시합니다.

● **음악 감상 동아리**

교과서에 나온 음악, 클래식 등 교육 활동에 도움이 되는 음악을 선정하여 감상하고 의견을 나눕니다.

● **독서 동아리**

- 학교에서 제시한 책이나 교과서, 읽고 있는 책으로 활동을 진행합니다.

● **학습 향상 동아리**

- 주지 교과 위주의 학습지를 해결하거나, 배운 내용 복습 등 학습 전반에 걸쳐 교사가 도움이 된다고 생각하는 활동을 제시합니다.

● **디지털 동아리**

- 타자 연습, 스마트 패드를 활용한 영상 편집, 유튜브 시청(교사가 특정한 주제를 주고 그에 관련한 영상 찾아서 시청하기) 등이 있습니다.

교사는 교탁에 동아리 부스 이름이 적힌 카드를 학생 수에 맞게 놓습니다. 일찍 등교

한 학생 순서대로 원하는 동아리에 들어가 활동에 참여합니다.

❖ 비밀 아침 산책

학급을 운영하는 데 있어서 적응에 어려움을 겪거나 선생님과의 관계가 어색한 학생들이 있을 수 있습니다. 이럴 때, 반 다른 학생들에게는 아침 활동을 주고 상담이 필요한 학생은 교사가 학생과 함께 '비밀 아침 산책'해 보는 것은 어떤가요?

학교 앞에 있는 매점에 들러 아이스크림을 사주거나, 교사연구실에 있는 간식을 주며 오가는 사이 마음속의 고민거리를 들어주는 것입니다.

❖ 아침 작은 회의

1. 아침 작은 회의를 시작하겠습니다.

2. 차렷, 인사 - 반갑습니다. 안녕!

3. 오늘은 ○월 ○일 ○요일입니다.

　봉사 당번 (　,　) 수고해 주세요

4. 책상 정리와 자리 청소 및 1역할을 모두 했습니까?

5. 오늘 시간표는 (　　　)입니다. 준비물이나 책은 미리 잘 챙겨주십시오.

6. 이야기 시간입니다.

　어제 있었던 사건이나 독서퀴즈, 각종 정보나 뉴스 등 발표할 친구?

7. 각 정당별로 친구들에게 오늘의 활동 계획과 건의사항 발표해 주세요.

　(기억당- 놀이당- 정정당당-)

8. 칭찬 시간입니다. 자유발표해 주세요!

9. 이상으로 " Strong Special 5-1반"의 아침 협의회를 마치겠습니다. 오늘도 즐겁고 보람찬 하루가 되기를 바랍니다.

자율활동 시간, 학급 회의 시간이 편성되어 있으나 학급의 안건에 대해 아이들끼리 충분히 논의하기에는 시간이 짧다고 느낀 경우가 많았습니다. 그래서 아침마다 15분씩 작은 회의 시간을 확보해 했습니다. 8시 40분부터 55분까지 미니 회의를 하는 것이지요. 회의가 아이들의 삶에 깊이 들어갈 무렵, 회의 시간이 끝나는 경우가 많았고 아이들은 시간을 더 달라고 요구하지만, '내일 아침에 더 이야기해볼까요?'라고 이야기하면 쉬는 시간에 삼삼오오 모여 안건에 대해 토의하고, 더 좋은 아이디어로 다음날의 회의에 참여하는 경우가 많았습니다.

아침
율동

    사제동행 아침 독서, 아침 운동, 아침 봉사활동, 책 읽어 주는 엄마 등 저학년을 위한 아침 활동은 학교 특색에 맞게 실시되고 있으나, 집중력이 길지 않은 저학년 아이들의 경우 발달 단계적 특성과 미세먼지 등 외부 환경에 따른 학부모 민원 증가로 선생님들을 고민 속에 빠뜨립니다. 독서활동 중심으로 아침 활동을 꾸려나가자니, 아이들의 집중력은 5분을 넘기기 힘들고, 운동을 중심으로 아침 활동을 꾸려나가자니, 미세먼지와 날씨, 그리고 1교시와의 연관성 때문에 아침 운동이 부담스러운 건 사실입니다.

학교에 등교하기 위해 이른 아침부터 서둘렀을 아이들의 아침잠을 깨우고, 학교에 오는 재미를 느끼게 해줄 교실 놀이로 재미있는 율동을 준비해 보면 어떨까요? 운동장 체육의 대안으로 떠오른 교실 놀이에 율동은 아주 좋은 예라 할 수 있을 것입니다.

이렇게 활동해요

① 아침 율동 영상을 준비합니다. 여러 검색 포털과 1인 미디어 플랫폼을 살펴보시면 어렵지 않게 찾을 수 있습니다.

② 교실체조이므로, 책상 정리와 의자 정리 등 주변을 정리합니다.

③ 맨 처음 하는 율동은 관절을 풀어 줄 수 있는 스트레칭 체조로 시작하여 점점 복잡한 율동으로 확대하는 것을 권장합니다.

④ 힘든 아이들은 자연스럽게 자리에 앉아 쉴 수 있도록 배려합니다.

⑤ 교육과정과 연계해 즐거운 생활과 학예회에서도 활용할 수 있습니다.

이렇게 활동했어요

❖ 아이들이 율동을 지겹거나 힘들어할 때

  - 영상을 찍어 학급 SNS에 올려보세요 ;)

  - 모둠 율동 콘테스트를 해보세요.

  - 고학년의 경우, 아이돌 가수의 댄스로 바꿔 보세요.

❖ 릴레이 율동 활동

  율동을 정하여 짝, 모둠별, 분단별로 율동의 동작을 릴레이로 실시하는 것도 재미있고 학생들이 좋아합니다. [전체 율동] - [릴레이 율동] - [전

체 율동)으로 하는 것도 친구가 하는 율동을 함께 볼 수도 있고 협동성
도 키울 수 있어서 매우 효과적입니다.

이런 방법도 있어요

❖ 아침 활동 시간, 청소 시간 등 화면은 가리고 음원만 틀어주세요. 온몸
을 들썩들썩 재미있는 아침활동, 청소시간이 됩니다.
❖ 수업 시간에 활동을 할 때 타이머를 맞추어 시간을 정해주는 경우가
많이 있다. 그러면 타이머의 시간이 끝나면 음악이 나오는데 음악에 맞
추어 간단한 율동이나 춤을 추고 타이머 음악이 끝나면 자리에 앉도록
하는 방법도 있습니다.
❖ 고학년의 경우에는 율동이나 춤을 아침 시간을 활용하여 만들어 보는
활동도 좋아합니다. 춤을 못 추는 학생의 경우에는 춤에 대한 거부감
이 있어서 힘들면 간단한 율동이나 체조를 다양하게 만들어 친구들 앞
에서 발표하거나 돌아가면서 친구들을 따라 해보는 활동도 있습니다.

질문가 섬여·른
한쩌!
1~2교시 수업

그래프 중심
질문 수업

    사회, 수학 교과에 빈번히 볼 수 있는 그래프! 그래프는 관찰한 결과의 경향을 알아보기 좋게 구조화하여 표현한 것인데, 그래프 보고 질문을 만들기는 곧 그래프가 어떤 내용을 나타내는지 이해하고 더 나아가 그래프를 확장적으로 해석할 수 있는 능력을 기르는 것입니다.

    그래프의 목적은 자료를 구조화하여 정보를 얻기 위한 것이므로 추상적인 질문보다는 사실을 바탕으로 하는 추리 중심의 질문이 우선되어야 하며, 그것을 바탕으로 자신이나 사회, 미래와 이어주는 질문으로 확장되어 학생의 사고 범위를 늘려주는 것이 중요합니다.

    질문의 종류는 아래와 같습니다.

  ① 사실적인 질문- 그래프에서 눈에 보이는 수치에 대한 질문으로 그래프의 사실적인 해석을 돕습니다.

    예) 가로축, 세로축은 무엇을 나타냅니까? 가장 높은 수치는 언제인가요? 기울기가 가장 큰 것(작은 것)은 언제입니까?

② 추리적인 질문- 그래프를 보고, 수치에 대한 해석 질문 및 그래프 상에는 나타나지 않지만 예측할 수 있는 현상에 대한 질문입니다.

예) 왜?

　질문: 과거에 비해 현재가 강수량이 높아진 이유는 무엇일까요?

③ 이어주기 질문- 그래프 내용을 학생의 생활이나 사회적인 현상과 연결되게 사고를 확장케 하는 질문입니다.

예를 들어보면

1) 강수량의 변화가 너의 기분에 미치는 영향은? 강수량의 변화가 우리의 생활에 미칠 영향은?(가정생활, 경제생활, 여가생활과 관련하여 만듦)

2) 강수량의 변화가 우리의 산업에 미칠 영향은?(농촌, 어촌, 도시로 구분하기)

이렇게 활동해요

❖ 단일 그래프

그래프는 가로축과 세로축이라는 변인이 정해져 있습니다. 따라서 학생들은 다른 변인에 구애받지 않고 수치에 따른 현상을 해석합니다. 가장 기초의 질문은 다음과 같습니다.

첫째, 가로축(세로축)은 어떤 변인인가요?

둘째, 가장 높은 지점일 때 기온(세로축)과 달(가로축)은 얼마인가요?

셋째, 점점 커지는 구간과 점점 작아지는 구간은 언제인가요?

넷째, 가장 기울기가 큰 구간(작은 구간)은 어디인가요?

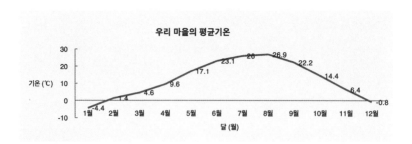

우리 마을의 평균기온

활동흐름	학생 배움 활동 내용	비고
전체 학습 (사실 파악)	◎ 그래프 파악하기 (사실적인 질문) - 요즘 날씨는 어떤가요? - 가을에 낙엽이 지고 떨어지는 이유는 무엇인가요?	- 그래프와 관련된 생활 속에서의 질문하기
학생간 학습 (질문 무고 답하기)	◎ 질문 나누기 • 개인이 준비해온 3가지 유형(사실, 추리, 이어주기)의 질문 중 대표 질문을 뽑고 자문자답해 봅시다. - 기온이 가장 높은 달은 언제입니까? - 1월에 비해 8월이 기온이 높은 이유는 무엇일까요? - 8월의 용인 시민의 옷차림은 어떨까요? • 모둠 친구들과 함께 자신의 대표 질문을 나누며 답하고 모둠별 최고의 질문을 선정합니다.	- 학생들이 질문을 만들고 만든 질문을 학생끼리 묻고 답하기 - 상황에 짝 활동, 모둠활동으로 묻고 답하기
학생 간 학습 전체학습 단위 수업 목표와 연결하기	◎ 그래프 내용 정리하기 • 3가지 형태의 질문 중에서 수업 목표와 가장 밀접한 관련 있는 질문을 선정합니다. - 1년 중 기온이 가장 높은 달과 낮은 달은 무엇이고 그 이유는 무엇인가요? (사실적 내용) - 내년 용인시의 기온 그래프는 어떻게 될지 예측해 봅시다.(추리적 내용) - 월별 기온에 따라 나의 기분은 어떻게 달라질까요?(이어주기 질문)	- 모둠별 대표 질문이나 학생 질문 중에서 단위 수업의 목표와 관련 있는 질문을 선정하여 묻고 답하기

이렇게 활동해요

❖ 비교 그래프

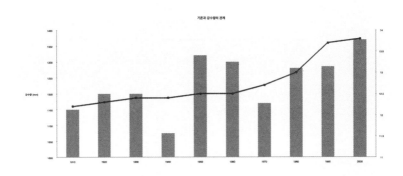

　각각의 수치를 비교하는 그래프에서는 두 그래프의 차이점을 중심으로 수업을 진행해야 합니다.

　위 그래프에서 기온, 강수량 각각에 대하여는 사실적, 추리적, 이어주기 질문을 만들고 답합니다. 그리고 추가적으로 기온과 강수량과의 관계에 관한 질문을 하는데, 두 수치 사이에 어떠한 상관관계가 있는지를 중심으로 질문을 만들 필요가 있습니다.

이렇게 활동했어요

활동흐름	학생 배움 활동 내용	비고
전체 학습 (사실 파악)	◎ 그래프 파악하기 - 강수량과 기온의 정의는 무엇인가요? - 그래프의 모양은 어떠한 가요?	- 사실적인 질문을 　중심으로 그래프에 　관한 내용 파악하기

활동흐름	학생 배움 활동 내용	비고
학생간 학습 (질문 묻고 답하기)	◎ 질문 나누기(개인 활동) • 각 학생은 준비한 3가지 유형의 질문 중 대표 질문을 뽑고, 돌아다니며 학생들과 함께 질문을 묻고 답합니다. 　- 왜 기온과 강수량을 하나의 그래프로 나타내었을까? 　- 기온과 강수량은 서로 비례할까? 반비례할까? (왜 그럴까?) 　- 우리나라가 아닌 다른 나라에서는 기온과 강수량의 관계가 어떨까? • 여러 학생과 나눈 질문을 짝과 함께 나눕니다.	- 학생들이 질문을 만들고 만든 질문을 학생끼리 묻고 답하기. - 상황에 짝 활동, 모둠활동으로 묻고 답하기
학생 간 학습 전체학습 단위 수업 목표와 연결하기	◎ 내용 정리하기 • 기온과 강수량의 상관관계에 대해서 설명해 봅시다. • 시간이 흐를수록 높아지는 기온과 강수량에 대해 우리는 어떻게 대처해야 하는지 의견을 말해 봅시다.	- 그래프 2개의 관련성을 중심으로 묻고 답하기 활동을 하고 정리하기

이렇게 활동해요

❖ 단일 지도

지도는 그래프와 달리 해석하기 위해서 여러 변인을 고려해야 합니다. 위 지도를 예로 들면 각 도시의 위도, 지형, 내륙, 해안지역, 등의 변인에 따라서 해석할 수 있습니다.

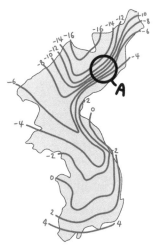

우리 나라 1월 평균 기온 분포도

활동흐름	학생 배움 활동 내용	비고

전체 학습
(사실 파악)
	◎ 지도 파악하기
	• 지도에는 어떤 것이 있나요?
	• 지도의 제목은 무엇입니까?
		- 사실적인 질문을
		  중심으로 그래프에
		  관한 내용 파악하기

학생간 학습
(질문 묻고 답하기)
	◎ 질문 나누기(전체 활동)
	• 개인이 준비해온 3가지 형태(사실, 추리, 이어주기)의
	  질문 중 대표 질문을 뽑고 자문자답해 봅시다.
	- 선이 의미하는 것은 무엇인가요?
	- 기온은 왜 곡선일까요?
	- 등온선(곡선) 하나의 변화를 말하고 의미를 말하여
	  볼까요?
	- 등온선 2개를 선택하여 공통점과 차이점을 말하여
	  볼까요?
	- 노령화사회에서 노인들은 어느 지역에 사는 것이
	  좋을까요?
	• 모둠 친구들과 함께 자신의 대표 질문을 나누며
	  답합니다.
		- 학생들이 질문을
		  만들고 만든 질문을
		  학생끼리 묻고
		  답하기.
		- 상황에 짝 활동,
		  모둠활동으로 묻고
		  답하기

학생 간 학습
전체학습
단위 수업 목표와
연결하기
	◎ 지도 내용 정리하기
	• 대표 질문 중 학습 목표와 관련이 있는 질문을
	  선정하여 전체 학생들과 함께 답을 합니다.
	- 기온이 가장 높은 지역과, 낮은 지역은 어디입니까?
	  (사실적 내용)
	- 기온과 땅, 바다 위치와의 관련성은 어떤가요?
	  (추리적 내용)
	• 살고 싶은 곳을 찾아보고 그 이유를 설명해 봅시다.
	  (이어주기)
		- 교사는 궤간 순시를
		  통해 학생들의 질문
		  중 최고 질문 몇 개를
		  선정하여 함께 묻고
		  답하기

❖ 비교지도

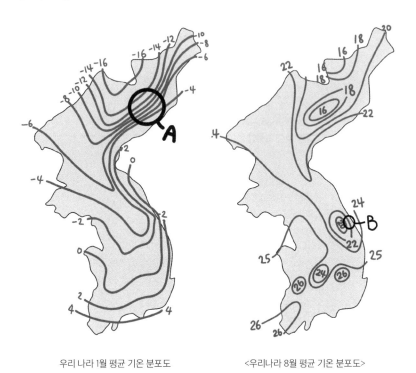

우리 나라 1월 평균 기온 분포도   <우리나라 8월 평균 기온 분포도>

위 지도에서 1월, 8월 기온 분포 각각에 대하여는 사실적, 추리적, 이어
주기 질문을 만들고 답합니다. 그리고 추가적으로 1월과 8월 기온의 관계
에 관한 질문을 하는데, 두 지도 사이에 어떠한 상관관계(공통점과 차이점을 기준
으로)가 있는지를 중심으로 질문을 만들 필요가 있습니다.

활동흐름	학생 배움 활동 내용	비고
전체 학습 (사실 파악)	◎ 지도 파악하기 　- 각 지도의 기온 등고선의 모양은 어떤가요? 　- 위의 지도에서 우리 지역(서울)의 위치는 　　어디인가요?	- 사실적인 질문을 　중심으로 그래프에 　관한 내용 파악하기
학생간 학습 (질문 묻고 답하기)	◎ 질문 나누기(물레방아) • 각 학생은 준비한 3가지 유형의 질문 중 대표 　질문을 뽑고, 물레방아 토론의 형태로 앉아 　진행합니다. 　- 제주도의 1,8월 평균기온의 차이는 얼마입니까? 　- 기온 차가 가장 적은 지역과 가장 큰 지역은 어느 　　곳이고 그 이유는 무엇일까요? 　- 북한에 사는 학생들은 남한 학생과 어떤 　　장단점이 있을까요?	- 학생들이 질문을 　만들고 만든 질문을 　학생끼리 묻고 　답하기. - 상황에 짝 활동, 　모둠활동으로 묻고 　답하기
학생 간 학습 전체학습 단위 수업 목표와 연결하기	◎ 내용 정리하기 • 두 지도를 비교하며 알게 된 내용은 무엇이 있나요? 　- 기온은 위도에 따라 변합니다. 　- 기온은 내륙과 해안의 위치에 따라 변합니다. • 나중에 집을 짓는다면 어느 지역에 집을 짓고 　싶나요? 그 이유는 무엇인가요?	- 교사는 궤간 순시를 　통해 학생들의 질문 　중 최고 질문 몇 개를 　선정하여 함께 묻고 　답하기

그림 중심
질문 수업

　그림이나 사진을 왜 질문 수업과 연결시키는 것일까요? 힌트는 재미! 그렇습니다. 과거 그림만 잘 그리면 되었던 시대에서 그림과 사진으로 말하고 놀 수 있는 시대, 영상으로 놀고 돈을 벌 수 있는 시대입니다. 이미 아이들은 디지털 원주민으로서 기술의 발달을 온몸으로 향유하고 있고, 이미지를 활용한 수업은 아이들에게 큰 재미와 흥미, 상상력을 유발합니다. 그래서 우리는 아이들에게 그림을 통해 보고 읽고, 질문하고 공유할 수 있는 경험을 제공해야 하는 것이지요.

　그림이나 사진을 보고 질문을 만드는 수업 유형은 크게 3가지로 구분할 수 있습니다. 첫째, 미술 시간에 명화나 친구의 그림을 감상하는 수업 유형과 둘째, 국어 시간에 그림을 보고 줄거리나 이야기를 짐작하여 보는 수업 유형. 셋째, 사회·과학·실과 등 시간에 정보를 찾아보는 수업 유형 등이 있을 수 있습니다.

❖ 미술 시간 명화나 학생 작품으로 질문 만들기

① 명화나 학생 작품에 대한 설명을 들려줍니다. 그림을 활용하여 질문을 만들 때는 그림에 대한 배경지식이 있으면 그림을 보다 잘 이해할 수 있고 풍부한 질문을 만들 수 있습니다. 그러므로 학생들에게 그림을 누가, 언제, 어떤 상황에서 그렸는지를 설명을 한 후 질문을 만들도록 합니다. 그림에 대한 설명 자료가 필요한 경우에는 유튜브의 [홍옥희의 그림을 읽어주는 여자]를 추천합니다. [홍옥희의 그림을 읽어주는 여자] 콘텐츠에서는 3분~5분 정도의 영상이 300여 작품에 대하여 설명하여 주고 있으므로 아주 유용합니다.

② 그림을 내용과 표현 영역으로 나누어 자세히 관찰하고 이를 바탕으로 사실적인 질문을 만듭니다. 질문의 바탕으로 관찰합니다. 작품을 얼마나 자세히, 다양한 각도에서 관찰하느냐가 중요합니다. 그래서 그림을 관찰하고 이를 바탕으로 사실적인 질문을 만들어 질의응답을 하면서 그림에 대한 이해를 높일 수 있습니다.

③ WHY 질문(추론적인 질문)을 만듭니다. WHY 질문은 관찰한 사실에 대하여 WHY를 붙여보도록 합니다. 예를 들어 모나리자 작품에서 보면서 '왜 모나리자는 눈썹이 없이 표현했을까?', '왜 모나리자는 긴 머리카락으로 표현했을까? 등 관찰한 사실에 WHY를 붙여 질문을 만들고 이에 대한 답을 찾아봄으로써 작가의 입장을 잘 이해할 수 있을 것입니다.

④ HOW 질문(방법 질문)을 만듭니다. HOW 질문은 WHY 질문이나 IF 질문과 연결하여 만들 수 있는 질문입니다. '왜 그렇게 그렸을까?'에서 '그러면 어떻게 다르게 그릴까?'로, '만약 작가가 나라면'에서 출발한 질문

이 '이렇게 바뀌면 어떻게 그릴까?'로 이어지는 질문으로, WHY 질문이 따지고 분석하는 질문이라면 HOW 질문은 더 나은 방법을 고민하고 작품을 재창조하는 방법을 찾는 창의적인 질문입니다.

⑤ IF 질문(적용 질문, 바꾸기 질문)을 만듭니다. IF 질문의 가장 기본은 '만약 나라면?'이라는 나에게 적용하여 보는 질문입니다. 예를 들어 모나리자 작품을 보면서 '만약 나라면 배경을 어떻게 그렸을까?', '만약 나라면 누구를 그렸을까?', '만약 나라면 어떤 옷을 입고 있도록 그렸을까?'등 내가 작가가 되어 질문을 만드는 활동입니다. IF 질문은 바꾸어 보는 질문입니다. 시대를 바꾸어보고, 장소를 바꾸어 보고, 작가를 바꾸어 보고, 원인을 바꾸어 보는 질문입니다. 예를 들어 고흐의 별이 빛나는 밤의 작품을 보면서 '작가가 시골마을이 아니라 도시를 그렸으면 어떻게 그렸을까?', '고흐가 불안한 상태가 아니라 행복한 상태의 밤하늘을 그렸으면 어떻게 그렸을까?', '시대가 2020년 서울이라면 어떻게 그렸을까?'등 그림과 관련된 사실을 바꾸어 보면서 재미있게 상상하고 머릿속에서 다시 그림을 만들어보는 창조의 질문입니다.

⑥ FEEL 질문(느낌 질문, 기분 질문)을 만듭니다. FEEL 질문은 작품을 보면서 느껴지는 기분이나 작가의 공감을 나타내는 질문입니다. 예를 들어 모나리자 작품을 보면서 '작품을 보면 어떤 기분이 드니?', '모나리자의 긴 머리에서 어떤 것이 느껴지니?', '그림 속 모나리자는 어떤 기분일까?'등 그림 전체를 보면서 드는 느낌이나 기분을 만들어보고 작가의 감정이나 그림 속 등장인물의 마음을 공감하면서 다른 사람을 이해할 수 있는 인성 질문입니다. 명화보다는 그림책 그림에서 많이 사용되는 질문입니다.

<한국에서의 학살, 피카소, 1951년>

단원	7. 미술비평	주제(제재)	작품 속 이야기 찾기	차시	3/5
학습 목표	작품의 주제와 내용을 알고 다양한 방법으로 작품을 감상할 수 있다.				

과정(시간)	학습요소	교수·학습 활동	자료(자) 및 유의점(유)
반응 형성 단계 (5′)	동기유발	⊙ 피카소에 대해 이야기하기 o (그림 맞추기 게임을 하며) 이 사람은 누구인지 알아맞혀 보세요. 　- 친구의 얼굴입니다./피카소입니다. o 화가에 대해 알고 있는 내용이나 경험을 이야기해 봅시다.	자 그림 맞추기 게임 (학생 얼굴, 피카소 얼굴)
	학습 문제 확인하기	⊙ 알아보기 작품 속에서 이야기를 찾으며 감상하여 봅시다.	
반응 명료화단계 (15′)	작품 다가가기	⊙ <활동1> 작품의 첫인상 알아보기 o 작품을 보고 떠오르는 단어나 느낌을 이야기해 보세요. 　- 저는 잔인함이 떠오릅니다. 그 이유는~	자 「한국에서의 학살」작품 유 존중, 배려

과정(시간)	학습요소	교수·학습 활동	자료(재) 및 유의점(유)
반응 명료화단계 (15´)	작품 이해하기	◉<활동2> 작가와의 인터뷰 ＊모둠에서 한 학생이 작가가 되어 답을 하고 나머지 　학생이 그림에 관하여 작가에게 질문하기 　○ 왜 군인의 얼굴을 로봇처럼 표현하였나요? 　○ 왜 희생당하는 사람들 중에서 남자는 표현하지 　　않았나요? 　　- 연약한 여자와 아이들, 임산부 등을 표현하여 　　　전쟁의 비참함을 표현하고 싶었습니다. ＊모둠 인터뷰가 끝나면 의자를 하나 놓고 한 명의 학생이 　작가를 선택하여 전체 인터뷰 진행하기 　○ 그림을 왜 다양한 색으로 그리지 않고 하얀색과 　　검은색으로만 표현하셨습니까? 　　- 화려한 색깔을 사용하면 학살당하는 사람들에게 　　　미안한 감정이 들었기 때문입니다.	재 질문 만들기 종이 유 비슷한 것이 있으면 그 의견 옆에, 없으면 아래에 붙임쪽지를 붙여 자연스럽게 분류한다. 유 학생들이 작가의 의도를 파악할 수 있도록 질문을 하고 답변한다. 재 자 1개,
정리 평가하기 (10´)	작품 속 이야기 만들기	◉<활동3> 작품 속 이야기 만들기 ＊작품을 보고 작품 속의 상황에 어울리는 이야기를 　글이나 그림으로 만들어 본 후 짝과 상호작용하기 　○ 작품 속 상황에 어울리는 이야기를 글과 그림으로 　　표현해 봅시다. ＊만든 이야기를 전체 활동으로 질문이나 보충을 통하여 　자신의 글에 대한 이해를 높일 수 있도록 하기 　○ 왜 왼쪽에는 희생당하는 사람, 오른쪽에는 군인들로 　　이분화 하여 그렸나요?	유 작품에서 관찰된 특징을 바탕으로 작품 속에서 찾을 수 있는 작은 이야기를 바탕으로 구성하도록 한다.
정리 및 발전 (5´)	학습 내용 정리하기	◉ 학습내용 정리히기 　○ (피카소의 다른 작품들 보여주면서) 피카소의 작품의 　　특징을 무엇이 있나요? 　　- 그림의 배열을 다르게 하는 추상적인 작품을 　　　그렸습니다.	유 자신의 생각을 표현을 한 후 그림을 보고 설명한다.

❖ 국어, 통합교과 시간 단원의 첫 그림이나 책 표지를 보고 질문 만들기

① 사실적인 질문(그림 관찰하기)

- 그림에는 어떤 동물이 있습니까?
- 토끼는 어떤 자세를 취하고 있습니까?
- 토끼는 어떤 모자를 쓰고 있습니까?

- 책 제목은 무엇입니까?
- 토끼는 무엇을 밟고 있습니까?
- 작가는 누구인가요?

② WHY 질문

- 왜 바지를 머리에 입었을까요?
- 왜 토끼가 두 손을 불끈 쥐고 있을까?
- 왜 단풍잎 위에 토끼가 서 있을까?
- 왜 내 모자인 것을 강조하고 있을까?

- 왜 하늘을 그리지 않았을까?
- 왜 하얀 토끼일까?
- 왜 가을을 배경으로 했을까?
- 왜 배경을 흐리게 표현했을까요?

④ HOW 질문(다른 방법은 없을까요?)

- 어떻게 토끼에게 저것이 모자가 아니라 바지라고 가르쳐줄 수 있을까?
- 실제 토끼에게는 모자를 어떻게 만들어 주어야 할까?
- 어떻게 하면 토끼에게 저 모자를 가져올 수 있을까?
- 토끼는 저 모자를 어떻게 얻었을까?

⑤ IF 질문(바꾸기 질문)

- 만약에 나라면

  (저 초록색 모자를 썼을까?)

- 만약에 시간이 바뀌면

  (더운 여름이라면 토기는 초록색 모자를 쓰고 웃을 수 있을까?)

- 만약에 성격이 바뀌면

  (토끼의 성격이 소극적이고 소심한 성격이면 어떻게 했을까?)

- 만약에 원인이 되는 사건이 바뀌면

  (아무도 토기의 모자를 탐하지 않으면 어떻게 될까?)

- 만약에 내용을 반대로 바꾸면

  (토기가 친구의 모자라고 생각하면 어떻게 되었을까?)

- 만약에 소재나 형식을 바꾸면

  (이야기 글이 아니라 시를 쓴다면, 논설문을 쓴다면 어떻게 쓸까?)

⑥ FEEL 질문

- 토끼의 기분은 어떨까?

- 토끼가 자기가 쓴 모자가 바지인지 알았을 때 기분은 어떨까? 어떻게 행동했을까?

- 그림에서 토끼의 마음을 알 수 있는 부분은 어디일까?

⑦ RIGHT 질문

- 바지를 모자라고 쓰는 것은 옳은가?

- 개인이 소유를 한다는 것은 옳은가?

⑧ PMI 질문(좋은 점, 아쉬운 점, 바꿀 점)

- 토끼의 모자는 어떤 점이 좋은가요?

- 토끼의 모자로 어떻게 바꾸어줄까요?

- 토기의 모자는 어떤 점이 불편한가요?

- 토끼에 맞는 모자를 그려볼까요?

단원	1. 내 이웃 이야기	주제(제재)	옛날 이웃들은 이렇게 지냈어요	차시	37/40
학습 목표	옛날의 이웃들의 모습을 알고 이웃과 더불어 살아가는 실천 태도를 가질 수 있다.				

과정(시간)	학습요소	교수·학습 활동	자료(재) 및 유의점(유)
탐색하기 (5′)	문제 상황 확인하기	⊙ 문제 상황 파악하기 ○ 이웃들과 함께한 재미있는 일을 이야기해 볼까요? 　- 놀이터에서 ○○이랑 함께 시소를 타며 놀았습니다. 　- ○○이네 가족과 캠핑을 갔습니다. ○ 친한 이웃들과 만나면 주로 무엇을 하며 시간을 　보내나요? 　- 놀이공원/캠핑/소풍/식사를 합니다. ○ 그럼, 옛날의 사람들은 주로 무엇을 했을까요?	유 각자의 경험을 자유롭게 이야기할 수 있도록 유도한다.
탐색하기 (5′)	공부할 문제 알아보기	⊙ 공부할 문제 알아보기 옛날 이웃들은 어떻게 지냈을까?	유 이끔 질문으로 학습문제를 도출해 낸다.
질문하기 (15′)	질문 만들기 (개별활동)	⊙ <활동1> 질문 만들기 ○ 교과서 72쪽의 그림을 볼까요? 사람들이 모여 있는 　장소는 어디일까요? 　- 시장입니다. ○ 예습 과제로 만들어 온 질문을 발표해 볼까요? 　- 왜? 표정이 즐거울까?/어떻게? ○○를 했을까? 　만약에 내가 그때 태어났다면?	재 교과서 73~74 유 자유로운 질문이 나올 수 있도록 허용적인 분위기를 만든다. 인 소통
	질문 나누기 (짝 토론)	⊙ <활동2> 질문 나누기 ○ 친구들이 만들 질문에 대해 짝토론 하기 　- 어깨짝, 앞뒤짝, 대각짝 끼리 친구들의 질문으로 짝 　토론하기	인 배려
	디딤질문 (회전짝 토론)	○ 만약에 우리가 그 시대에 살았디면 이웃과 어떻게 　살았을까? 　- 서로 협동하고 배려하며 살았을 것 같습니다. 　- 맛있는 음식을 나눠 먹으며 즐겁게 살았을 것 같습니다.	
정리 평가하기 (10′)	질의응답 발표 (전체 공유)	⊙ <활동3> 설명하기 ○ 그림처럼 우리들도 이웃과 음식을 나누어 봅시다. 　- 음식 그림이나 사진을 오려 교과서에 붙인다. ○ 나누고 싶은 음식을 친구들에게 설명해 볼까요? 　- 친구들과 설명하고 질의응답한다.	재 음식 사진 자료, 풀, 가위
정리 (5′)	정리하기	⊙ 서로의 작품을 감상하고 느낀 점을 이야기하기 ○ 친구들의 작품을 감상하고. 느낀 점을 이야기해 볼까요? 　- ○○와 함께 ~을 나눠 먹고 싶습니다.	유 친구들의 작품에 대해 이야기한다. 인 책임

❖ 사회, 과학에 그림에서 질문 만들기

① **기초 다양한 관찰하기**

- 선생님과 두 명의 학생이 있다.

- 한 학생은 교과서에 무엇인가를 쓰고 있다.

- 다른 학생은 온도계를 이용하여 액체의 온도를 재고 있다.

- 학생들은 웃고 있다.

- 알코올램프를 이용하여 액체를 가열하고 있다.

② **실험 과정 질문하기**

: 교과서의 삽화를 보고 실험 과정을 함께 찾아보는 것을 중심으로 질문을 만든다.

- <실험 목적> 어떤 실험을 하고 있다고 생각합니까?

- <준비물> 실험기구와 재료는 무엇이 필요한가요?

- <실험 과정> 그림을 보고 실험기구를 어떤 과정으로 설치를 해야 하나요? // 비커
  에 물은 몇 리터 넣었을까요?

- <실험기구 이용법> 남학생이 온도계는 어떻게 읽어야 할까요?

- <변인 통제> 실험에서 같게 할 조건, 다르게 할 조건은 무엇인가요?// 무엇을 측정
  (관찰) 하나요?

- <실험 결과 정리> 여학생은 무엇을 쓰고 있을까요?

- <주의 사항> 주의할 점은 무엇이 있을까요? // 위험한 점은 무엇이 있나요?

③ 실험 결과 질문하기

: 실험 결과를 알아보고 이를 분석하는 질문을 만든다.

- 실험에서 관찰한 사실은 무엇인가요?

- 왜 온도가 올라갈까요?

- 온도가 일정하게 올라가지 않고 처음에는 빨리 올라가지만 나중에는 천천히 올라
가는 이유는 무엇인가요?(처음에는 천천히 올라가지만 갈수록 빨리 올라가는 이
유는 무엇인가요?)

- 이 실험에서 실험 결과에 영향을 줄 수 있는 요소는 어떤 것이 있을까요?

- 김이란 무엇일까요?

- 왜 김이 50도에서부터 나기 시작할까요?

⑤ 실생활 적용 질문하기

: 실험에서 얻은 지식을 바탕으로 실생활에서 볼 수 있는 현상을 찾거나 이를 해석
하는 질문을 만든다.

- (수동적 질문) 이러한 결과가 우리 생활에서는 어떻게 이용되고 있을까요?

- (능동적 질문) 이러한 결과를 우리는 어떻게 활용할 수 있을까요?

이렇게 활동했어요

단원	3. 계절의 변화	주제(제재)	계절에 따라 기온이 달라지는 까닭	차시	6/11
학습 목표	계절에 따라 기온이 달라지는 까닭을 태양의 남중 고도와 관련지어 실험하여 설명할 수 있다.				

과정(시간)	학습요소	교수·학습 활동	자료(좌) 및 유의점(유)
도입	동기 유발하기	⊙ 동기 유발 ㅇ (학생들의 옷차림과 지난 차시의 교과서 삽화를 보고) 어느 계절의 태양이 가장 높고 어느 계절의 태양이 가장 낮은가요? - 여름철에 가장 높고, 겨울철에는 가장 낮습니다. ㅇ 계절에 따라 기온이 달라지는 이유는 무엇과 관계가 있을까요? - 낮의 길이인 것 같습니다. / 태양의 남중 고도 때문인 것 같습니다.	좌 PPT 그림 자료

과정(시간)	학습요소	교수·학습 활동	자료(㉯) 및 유의점(㉴)
예상 (P)	학습 문제 파악	◉ 학습 문제 확인하기 **계절에 따라 기온이 달라지는 까닭은?** ◉ 태양의 남중 고도에 따라 기온이 달라지는 이유 예상하기 　ㅇ 태양의 남중 고도에 따라 기온은 어떻게 변할까요? 　　- 남중 고도가 높을수록 기온이 올라갈(내려갈) 것 같습니다.	㉴ 학생들이 학습문제를 생각해보도록 하되 어려움을 느끼면 교사가 돕도록 한다.
관찰 (O) 설명 (E)	실험 과정 질문하기 실험 결과 질문하기	◉ 태양 고도에 따른 기온 측정하기 　ㅇ 태양 고도에 따른 기온을 측정하는 실험을 해 봅시다. 실험에 　　서 전등이 나타내는 것은 무엇입니까? 　　- 태양을 나타냅니다. 　ㅇ 과학 책 94쪽을 살펴보면서 실험 설계를 해 보도록 합시다. 　ㅇ 이 실험에서 눈여겨 관찰해야 하는 것은 무엇인가요? 　　- 전등의 기울기에 따른 온도의 변화입니다. 　ㅇ 실험에서 같게 해야 할 조건은 무엇입니까? 　　- 전등과 알코올 온도계 사이의 거리, 알코올 온도계를 모래 　　　에 꽂는 깊이, 측정 시각, 전등과 온도계의 종류, 실험 장소 　　　등입니다. 　ㅇ 실험에서 다르게 해야 할 조건은 무엇입니까? 　　- 전등 한 개는 수직으로 세우고, 나머지 한 개는 비스듬히 세 　　　웁니다. 　ㅇ 실험 시 주의해야 할 사항으로는 어떤 점이 있을까요? 　　- 열 전구를 만지거나 빛을 정면에서 쳐다보지 않습니다. 　ㅇ 지표면의 온도가 높아지면 기온은 어떻게 됩니까? 　　- 지표면 위의 공기도 데워지기 때문에 기온이 높아집니다. 　ㅇ 전등의 기울기에 따라 모래 온도는 어떻게 달라집니까? 　　- 전등이 수직으로 비출 때에는 모래의 온도가 많이 높아집 　　　니다. 　ㅇ 전등의 기울기는 의미하는 것은 무엇입니까? 　　- 태양의 남중 고도를 뜻합니다. 　ㅇ 기온 변화에 영향을 주는 것은 무엇입니까? 　　- 태양의 남중 고도입니다.	㉯ 전기스탠드 두 개, 열 전구(150W) 두 개, 모래 상자 두 개, 알코올 온도계 두 개, 자(30cm) ㉴ 실험에서 측정하는 것은 지표면의 온도로 기온과는 다르다. 하지만 지표면의 온도가 높아지면 기온도 높아지므로 지표면의 온도가 높으면 기온도 높은 것으로 생각하도록 한다. ㉴ 단위 면적당 에너지양의 차이는 중학교 교육과정에서
정리	배운 내용 정리하기 실생활의 적용	◉ 배운 내용 정리하기 및 개념 정리하기 　ㅇ 계절에 따라 기온이 달라지는 까닭은 무엇입니까? 　　- 계절에 따라 태양의 남중 고도가 달라지기 때문입니다. 　ㅇ 계절에 따라 태양의 남중 고도는 어떻게 달라지나요? 　　- 여름에는 태양의 남중 고도가 높고, 겨울에는 낮기 때문에 　　　기온이 낮습니다. 　ㅇ 지난 시간에 배웠던 24절기 중 가장 더울 때와 추울 때는 언 　　제일까요? 　　- 가장 더울 때는 대서이고 가장 추울 때는 소한입니다.	처음 다루어지기 때문에 계절의 변화 이유를 남중고도의 변화로만 설명한다.

질문하고 생각하고 표현하는
하브루타

작은 학교 특성상 학부모 교육을 하는 날이면 참여율이 저조하여 자리를 채울 겸 강의도 들을 겸 학부모 특강을 들었던 적이 있었습니다. 특강 주제는 '유대인의 교육법'이었던 것 같습니다. 마침 하브루타 수업이 한참 유행하고 있을 때라 유심히 들을 수 있었습니다.

하브루타란 전통적인 유대 가정 학습법으로 가정에서 부모와 자녀가 토라(율법)나 탈무드로 대화와 토론을 하고, 친구, 동료들과 함께 짝을 이루어 질문, 토론하는 방식을 말합니다. 이러한 문화가 오늘날 유대인들이 세계를 변화 시키는 큰 힘이 되었다고 합니다.

처음에는 하브루타를 토의 토론 수업 중의 한 방법으로만 생각했는데, 하브루타를 연구하신 선생님들은 하나같이 그보다는 '배움과 가르침이 함께 이루어지는' 하나의 교육 철학 또는 생활 교육으로 봐야 한다는 의견이 많았습니다.

하브루타의 수업 모형과 교과별 수업내용은 하브루타와 관련한 서적에서 자세히 연구하시고, 이 책에서는 질문의 유형과 수업 사례에 대해서만 간단히 소개하도록 하겠습니다.

■ **교사 준비물:** 대화·공감, 학급 문제와 관련된 교과서 또는 자료(재구성 차시)

■ **학생 준비물:** 교과서 또는 읽기 자료, 붙임 종이(90×90), 필기구

<모둠 중심의 하부르타 수업>

개인 활동	전체 활동	짝 활동	모둠 활동	전체 활동	교사 주도 활동
질문을 만듦 (5~10개)	차시 목표 확인 책 내용 확인	자신 질문 발표 대표 질문 선정	대표 질문 질의응답 모둠 질문 선정 토론	모둠질문 발표 질의응답 하기	차시와 직접 관련 질문 활동

① 개인 활동- 교과서 내 텍스트나 책을 읽고 질문을 만든다. 질문은 사실
   적인 질문, WHY 질문, HOW 질문, IF 질문, FEEL 질문, RIGHT 질문
   을 각각 1~5개를 만든다.

② 전체 활동- 수업 시간에 선생님과 함께 사실적인 질문을 활용하여 지문이나 책의 내용을 확인한다.(사실적인 질문을 바탕으로 짝과 묻고 답하기 한 후 교사가 중요 내용을 발문하여 확인한다.)

③ 짝 활동- 짝과 서로 질문을 읽어주는 상호작용을 한 후 대표 질문을 1~2개 선정한다.(대표 질문은 짝이 선정해 줄 수 있고 자신이 선정할 수도 있다.)

④ 모둠활동- 모둠을 편성하여 돌아가며 대표 질문과 자신이 생각한 응답을 한 후 친구의 생각을 물어본다. 그리고 모둠에서 함께 이야기하고 싶은 모둠 질문을 선정하여 깊이 있게 토론을 한다.

⑤ 전체 활동- 모둠에서 뽑은 모둠 질문을 발표한다. 그리고 한 모둠을 선택하여 전체 학생들에게 모둠에서 나온 의견을 발표하고 질의응답한다. 이때 모둠 질문 중에서 차시 목표와 관련 있는 질문을 선택하도록 하여 차시 목표를 달성하도록 한다.

⑥ 교사 주도활동- 교사가 학생의 질문 중에서 본 차시와 직접적인 관련이 있는 질문을 활용하여 함께 질의응답을 하여 차시 목표에 도달하도록 한다.

<물레방아 하부르타 수업>

개인 활동	전체 활동	짝 활동	물레방아 활동	전체 활동	교사 주도 활동
질문을 만듦 (5~10개)	차시 목표 확인 책 내용 확인	자신 질문 발표 대표 질문 선정	1칸씩 이동하며 질의응답	친구에게 들은 응답 내용 발표	차시와 직접 관련 질문 활동

① 개인 활동- 교과서 내 텍스트나 책을 읽고 5~10개의 질문을 만든다.

② 전체 활동- 수업 시간에 선생님과 함께 사실적인 질문을 활용하여 지문이나 책의 내용을 확인한다.

③ 짝 활동- 짝과 서로 질문을 읽어주는 상호작용을 한 후 대표 질문을 1~2개 선정한다.

④ 물레방아 활동- 서로 마주 보게 둥글게 책상을 배치한 후 2~3분마다 종을 울린다. 종이 울리면 원 안쪽에 있는 학생이 1칸씩 이동하면서 자신의 질문을 새로운 짝과 질의응답한다.

⑤ 모둠 활동- 자신의 모둠으로 돌아와서 물레방아 활동 중에서 가장 인상 깊은 질문과 답변을 모둠 친구들에게 이야기한다. 그리고 전체 친구들에게 소개하고 싶은 질문과 응답을 발표하도록 한다.

⑥ 교사 주도 활동- 교사가 학생의 질문 중에서 본 차시와 직접적인 관련이 있는 질문을 활용하여 함께 질의응답을 하여 학습목표에 도달하도록 한다.

자유 선택 하부르타 수업

개인 활동	전체 활동	짝 활동	자유토론 활동	전체 활동	교사 주도 활동
질문을 만듦 (5~10개)	차시 목표 확인 책 내용 확인	자신 질문 발표 대표 질문 선정	자유롭게 이동 질의응답	짝에게 들은 응답 내용 발표	차시와 직접 관련 질문 활동

① 개인 활동- 교과서 내 텍스트나 책을 읽고 5~10개의 질문을 만든다.

② 전체 활동- 수업 시간에 선생님과 함께 사실적인 질문을 활용하여 지

문이나 책의 내용을 확인을 확인한다.

③ 짝 활동- 짝과 서로 질문을 읽어주는 상호작용을 한 후 대표 질문을 1~2개 선정한다.

④ 자유토론 활동 - 학생들은 일어나서 자유롭게 돌아다니며 선정된 대표 질문을 친구들과 질의응답하도록 한다.

⑤ 짝 활동- 자신의 자리로 돌아와서 자유토론 활동 중에서 가장 인상 깊은 질문과 답변을 짝에게 이야기한다.

⑥ 교사 주도 활동- 교사가 학생의 질문 중에서 본 차시와 직접적인 관련이 있는 질문을 활용하여 함께 질의응답을 하여 학습목표에 도달하도록 한다.

이렇게 활동했어요

단원	12. 문학에서 찾는 즐거움	주제(제재)	작품에서 말하는 이의 관점 찾기	차시	3/6
학습 목표	작품에서 말하는 이의 관점을 이해하고, 자신의 생각을 분명히 밝힐 수 있다.				

과정(시간)	학습요소	교수·학습 활동	자료(재) 및 유의점(유)
도입 하브루타 (5′)	동기 유발 학습 문제 설정	◉ 동기 유발 ○ '늑대가 들려주는 아기돼지 삼형제'를 진구들에게 재미있게 소개해 볼까요? ◉ 학습 문제 확인하기 **말하는 이의 관점에 따라 이야기는 어떻게 될까?**	유 질문을 미리 만들어 왔기 때문에 학생들이 학습문제를 찾을 수 있도록 한다.
내용 하브루타 (5′)	활동1 사실 이해	◉ <활동1> 사실적인 내용 알아보기(짝 활동→전체) ○ 등장인물은 누구누구인가요? - 늑대, 돼지 삼 형제이다. / 알렉산더 울프, 돼지 삼 형제이다. ○ 늑대는 「아기 돼지 삼 형제」 이야기에 대해 어떻게 생각하나요? - 늑대의 입장은 무시한 채 돼지의 입장에서 꾸며 낸 이야기라고 생각한다.	유 교과서 질문을 미리 짝과 바꾸어 읽기 활동을 하여 본 후 전체 학습을 진행한다.

과정(시간)	학습요소	교수·학습 활동	자료(㉯) 및 유의점(㉰)
심화 하브루타 (15′)	활동2 짝 질문	⊙ <활동2> 숨어있는 내용 찾아보기 ＊이야기 내용 자세히 파악하기(짝 활동) ㅇ 글의 내용에 대해 궁금한 점을 짝과 묻고 답해 봅시다. 　- 돼지들은 왜 늑대가 자신들을 괴롭힐 것이라 생각했을까 　요?(추론) ㅇ 말하는 이 '늑대'가 말하고 싶어 하는 점은 무엇인가요? 　- '나는 누명을 써서 억울해'입니다.	㉰ 자신의 질문 중 가장 좋은 질문을 친구가 한 가지씩 골라 주도록 한다.
	모둠 질문	＊대표 질문을 골라서 깊이 있게 토의하기(모둠활동) ㅇ 모둠에서 대표 질문을 골라 토의해 봅시다. 　- 늑대가 감옥에 가게 된 것은 옳은가요? ㅇ 모둠에서의 대표 질문을 소개해 봅시다.(전체 활동) 　- 저희 모둠의 대표 질문은 ~입니다. ㅇ 모둠의 대표 질문 중 공통된 주제로 전체 토의해 볼까요? 　- 열 전구를 만지거나 빛을 정면에서 쳐다보지 않습니다.	㉰ 가장 좋은 질문을 모둠에서 골라 전체 학생들과 토의한다.
적용 하브루타 (5′)	실천하고 적용하기	⊙ <활동3> 관점 바꿔 보기(전체 활동) ㅇ 첫째 돼지의 입장, 둘째 돼지의 입장, 늑대 할머니 입장에서, 　글을 쓴다면 이야기가 어떻게 바뀔지 이야기해 봅시다.	㉰ 예습 과제인 '적용' 질문을 활용한다.
정리	정리하기	⊙ 정리하기 ㅇ '아기 돼지 삼 형제'와 '늑대가 들려주는 아기 돼지 삼 형제'에 　등장하는 인물의 성격은 어떻게 다른가요? 　- '아기 돼지 삼형제'에서 돼지는 착하고 순하지만 '늑대가 들 　려주는 아기 돼지 삼형제'에서 돼지는 불친절하고 버릇이 없 　습니다. ㅇ 말하는 이의 관점이 달라지면 이야기가 어떻게 바뀌나요? 　- 인물의 성격과 사건이 달라지게 됩니다. ㅇ 학급 아침 작은 회의에서 친구들의 의견은 왜 다를까요? 　- 사건에 대한 관점이 다르기 때문입니다. ㅇ 의견이 충돌할 경우 어떻게 해결하면 좋을까요?	㉰ 나와 다른 관점을 갖고 있는 친구들의 의견도 배려하고 존중할 수 있도록 한다.

❖ 5학년 학생들과 함께 '늑대가 들려주는 아기돼지 삼형제'를 읽고, 작품
에서 말하는 이의 관점 찾기를 해보았습니다. 도입 하부르타 단계에서
는 전시 학습을 상기하고, 학생 스스로 학습 문제를 정하도록 유도합
니다. 내용 하브루타 단계에서는 학생들이 반드시 알아야 하는 사실 질
문을 중심으로 짝 활동을 합니다. 심화 하브루타 단계에서는 모둠별로
가장 좋은 대표 질문을 골라 전체 학생에게 질문한 후 토의합니다. 적

용 하브루타 단계에서는 작품에서 말하는 이의 관점을 찾아 정리하고, 메타 하브루타 단계에서는 배움과 삶을 연결시켜 생각해 보는 활동을 하였습니다.

이럴 때는 이렇게

❖ 질문 만들기는 언제 할까? 교과서 텍스트나 책을 읽고 질문은 읽기 전 질문, 읽는 중 질문, 읽은 후 질문으로 만들 수 있는데 숙제로 질문 만들기를 내주거나 아침 시간을 활용하여 질문 만들기를 하는 것이 좋습니다. 수업 시간에 지문을 읽고 질문을 만들면 학생들이 질문에 대하여 묻고 답하는 시간이 부족하므로 충분한 토론이 이루어지지 않기 때문에 지문을 읽고 미리 만들어 오는 것이 좋습니다.

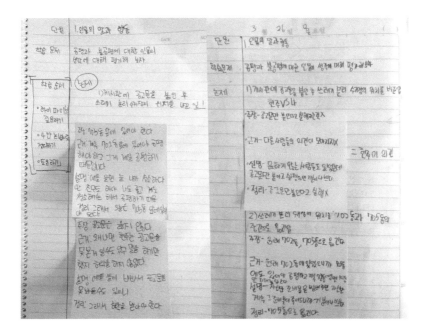

❖ 질문의 수준이 낮아요! 질문의 수준은 학년에 따라서 학생의 수준에 따라서 차이가 심합니다. 교사의 입장에서 질문을 바라보면 안 됩니다. 질문을 만들고 비난하면 안 됩니다. 친구들의 질문을 보면서 어떤 질문이 좋은 질문인지 나쁜 질문인지 학생 스스로 깨닫고 알아나가므로 교사는 학생들을 기다려 주면 됩니다.

❖ 저학년의 경우에는 어떻게 하나요? 1~2학년의 경우에는 그림을 소재로 하여 질문 만들기를 시작하는 것이 좋습니다. 글에 대한 이해 능력이 떨어지기 때문에 글을 파악하여 질문을 만들고 자신의 생각을 바탕으로 친구들과 주고받는 것은 어렵습니다. 그림을 활용하여 WHY 질문이나 IF 질문을 만들면 어렵지 않게 할 수 있습니다.

이런 방법도 있어요

❖ 질문을 만들어 학생끼리 상호작용을 하는 것을 중심으로 질문 빙고게임이나 단어 질문 빙고게임 등을 운영하면 재미있게 게임 중심 하부르타 수업을 할 수 있습니다.

❖ 보석 맵이나 만다라 맵을 활용하여 대표 질문을 활용하여 돌아가면서 자신의 생각을 써보는 활동을 하고 질문과 자신의 응답을 돌아가면서 하는 구조화 중심 하부르타 수업을 할 수 있습니다.

교과서 읽고 질문 만들기

Why(왜)
① 왜 저자는 꽃봉오리를 문새말로 표현했을까?
② 목련아래를 장매 펴 봤다는 주었을까?
③ 왜 저자는 꽃들이 하얗게 남아 온다고 표현 했을까?

If(만약)
① 만약 목련꽃이 장미꽃이면 어떨까?
② 꽃봉오리를 새싹으로 표현하면 어떨까?
③ 만약 목련그늘아래가 아닌 장미꽃 그늘아래면
어떨까?

How(어떻게)
① 어떻게 해야 나가 목련꽃처럼 활짝
피거나 책을 잘 어질수 있을까?

저중의 나
① 꽃봉오리에서 꽃이 피면 활짝 피처 언제나는
꽃처럼 활짝 필수 있을까?

교과서 시에서 찾아 질문 만들기

9/11 〈질문만들기〉

김
① 작가는 이그림을 왜 그렸을까?

홍
② 왜 그림에서 사람들은 씨름을 하고있을까?

도
③ 작가는 이그림을 그릴 때 어떤 기분이 있을까?

서
④ 저기사람은 왜 부채를 피고 씨름을 볼까?

름
⑤ 왜 씨름을 했을까?

⑥ 사람들의 옷이 다 왜 하얀색일까?

⑦ 사람들은 왜 신발은 벗고 구경을 할까?

⑧ 이그림의 배색이 왜 노랄까?

⑨ 그림에서 어리른 문사람과 안픈사람의 차이점은 무엇일까?

⑩ 이그림에 담긴의비는 무엇일까?

교과서 그림에서 찾아 질문 만들기

'빈 의자(핫 시팅)' 기법
질문 중심 역할놀이 수업

2015 개정 교육과정부터 연극 단원이 본격적으로 도입되었습니다. 연극이란 배우들이 무대에서 공연을 하면 관객들은 이를 즐기고 함께 공연까지 참여하는 종합예술을 의미합니다. 이전 교과서 단원에도 극본이 포함되어 있었지만 이렇게 교육과정에 본격적으로 반영된 것은 처음입니다.

취지는 좋지만 부담스러운 것도 사실입니다. 연극을 하려면 대본 연습뿐만 아니라, 동선과 표정, 행동, 의상, 무대, 효과음악 등 준비해야 할 것이 많기 때문입니다. 또한 학예회를 염두에 두고 수업을 진행했을 때, 그 과정에서 들어가는 아이들의 감정 소모를 받아내는 것 또한 오롯이 선생님의 몫이기 때문입니다.

이런 이유로 2015 개정 교육과정의 취지를 자세히 들여다볼 필요가 있습니다.

사실 '극'이란 무대극(Theatre)과 드라마(Drama) 모두 해당하지만 보다 근본적인 본질은 '드라마(Drama)'를 지칭하는 개념이다. 이러한 드라마는 대개의 경우 즉흥으로 이루어지는 '극적 허구'로 발생하고 기능한다. 여기서 즉흥적이라 함은 사전에 정해진 대본이나 대사를 읽는 것이 아니다. 실제로 참여자가 상황에 감정적, 정서적으로 몰입해, 자신의 역할의 입장에서 개연성 있는 대화와 행위를 주고받으면서 '실제의 나'와 '역할로서의 나'사이의 유사성, 상이성, 모순점 등을 깨닫고, 사고하고, 성찰하게 되는 체험을 제공한다. 연극놀이, 드라마, 즉흥극 등이 강조되는 세계적인 추세는 이제 일반화 되어가는 중이다. 따라서 교과서의 연극 단원은 연극 장르의 이해보다는 연극 표현 언어의 형성 쪽에 중심을 두어야 한다.

-6학년 국어 지도서, 연극의 개념 이해 중-

이렇듯 교육과정에서의 연극 단원의 목표는 관객에게 보여주기 위한 예술 교육이 아니라, 표현과 소통이 중심이 되는 것임을 알 수 있습니다.

여기서는 본격적인 연극 수업보다는 많은 준비물 없이 '빈 의자'와 '역할놀이 머리띠' 정도만 있으면 할 수 있는 질문 중심의 역할놀이 문학 수업 방법을 안내해 드리겠습니다.

이렇게 활동해요

■ **교사 준비물**: 역할놀이 머리띠, 빈 의자, 모형 마이크, 가치(감정) 카드
■ **학생 준비물**: 질문 만들기 과제물

① 교실을 자유롭게 돌아다니면서 만난 친구들과 하이파이브를 하며 질문을 주고받습니다. 학생들은 질문을 주고받으며 내용 파악을 합니다.
② 각자 자리에 앉은 후, 교실 앞에 빈 의자를 놓습니다.
③ 빈 의자에 등장인물을 초대하여 자리에 앉게 합니다.

④ 학생들은 앞에 앉아있는 등장인물에게 궁금한 점을 묻고 답합니다.

⑤ 각각의 질의응답에 대해 역할을 돌아가며 빈 의자 활동을 합니다.

⑥ 가치(감정) 카드로 각 상황의 느낌이나 생각을 구체화할 수도 있습니다.

이렇게 활동했어요

❖ 5학년 학생들과 함께 '갈매기에게 나는 법을 가르쳐 준 고양이'를 읽고, 문장의 호응 관계에 맞게 인물에게 편지 쓰기 활동을 해 보았습니다.

❖ 책의 내용을 소개하자면, 집 주인이 몇 주간 집을 비우고 홀로 집을 지키게 된 '소르바스'라는 검은 고양이가 상처 입은 갈매기를 보살펴 주게 되는데, 갈매기가 알을 낳고 숨을 거두며 "알을 먹지 말 것, 태어날 때까지 알을 품어 줄 것, 나는 법을 가르쳐 줄 것"이라는 세 가지 약속을 청합니다. 소르바스는 약속대로 태어날 때까지 품어 알이 부화하는데, '행운아'라는 뜻의 '아포르투나다'로 이름을 짓습니다. 소르바스는 헌신적으로 아포르투나다를 돌보았고, 갈매기인 줄 모르는 아포르투나다는 소르바스를 '엄마'라고 부르며 고양이가 되고 싶어 합니다. 하지만 소르바스는 여러 친구들의 도움을 받아 아로프투나다에게 하늘을 나는 법을 가르쳐 주려고 합니다.

❖ '빈 의자'기법 질문 중심 역할놀이 수업 교수·학습 과정안

단원	8. 문장의 구조	주제(제재)	문장의 호응 관계 생각하며 글쓰기	차시	16/18
학습 목표	문장 성분 간의 호응 관계에 맞게 인물에게 편지글을 쓸 수 있다.				

과정(시간)	학습요소	교수·학습 활동	자료(재) 및 유의점(유)
도입 (7′)	동기유발 학습 문제	◉ 무언극 해보기 ㅇ 여러분은 모두 엄마 새가 되었습니다. 눈을 감고 선생님의 이야기에 따라 몸을 움직여 봅시다. ◉ 학습문제 파악하기 **문장의 호응관계에 맞게 인물에게 편지를 써 보자.**	재 무언극 대본 유 모두 눈을 감고 동시에 움직이게 함.
전개 (25′)	활동1 활동2 활동3	◉ <활동1> 내용 파악하기 ㅇ 하이파이브 게임 활동으로 내용 파악하기를 해 봅시다. - 사실, 추론, 비판, 적용 네 가지 유형의 질문을 주고받는다. ㅇ 일어난 일을 순서대로 정리해 봅시다. ◉ <활동2> 등장인물의 마음 이해하기 ㅇ 등장인물이 되어 '이야기 의자' 활동을 해보겠습니다. 검은 고양이 소르바스 역할을 하실 친구를 모시겠습니다. ㅇ 나머지 학생들은 소르바스에게 궁금하였던 점을 물어보겠습니다. 소르바스는 질문을 듣고 대답하여 주시기 바랍니다. - 알을 품고 있을 때 가장 힘들었던 점은 무엇이었습니까? ㅇ 이번에는 다른 학생이 아포르투나다가 되어보겠습니다. - 다른 학생이 의자에 나와 앉는다. ㅇ 나머지 학생들은 아포르투나다에게 궁금하였던 점을 물어보겠습니다. - 처음 알에서 나와 소르바스를 보았을 때 어떤 생각을 했나요? ◉ <활동3> 등장인물의 마음 이해하기 ㅇ '갈매기에게 나는 법을 가르쳐 준 고양이'에 나오는 등장인물에게 문장의 호응 관계에 맞게 편지를 써 봅시다.	독 하브루타 재 의자, 마이크 유 학생들이 원할 경우에는 소르바스와 아포르투나다 외에 여러 등장인물로 '이야기 의자' 활동을 할 수 도 있다.
정리 (8′)	학습 내용 정리	◉ '빈 의자' 활동하기 ㅇ 앞에 놓인 이 의자에는 소르바스와 아포르투나, 세 고양이, 침팬지가 앉아 있습니다. 이 인물들에게 쓴 편지를 읽어 주도록 합시다.	유 의자에 인물이 있다고 생각하고 읽는다.

❖ 인물의 생각과 행동에 대해 감정 이입을 하지 못할 때 - 예습 과제로 '만약에(What if)' 질문을 반드시 포함하게 합니다. (만약에 나라면, 만약에 우리였다면)

❖ 발표자의 인터뷰를 장난으로만 대할 때 - 장난치는 아이를 발표자로 세워 보세요. 처음에는 발표자의 생각과 행동에 낄낄대고, 장난을 치다가도 막상 본인이 빈 의자에 앉아 본다면 사뭇 진지하게 수업에 임할 것입니다.

❖ 육각모 기법 - 육각모 기법을 활용해 보세요. 등장인물의 생각과 행동에 대해 여러 가지 각도로 평가를 해 보는 것입니다. 문학 시간 이외에 사회 시간에도 유용합니다. 교육학 시간에 나왔던 대로 색으로 구분하면 학생들이 어려워하므로 육각모보다는 썼다 지울 수 있는 역할 머리띠를 준비하여 머리띠에 직업, 학자, 역사적 인물 등을 쓰고 관점에 따라 분석하게 해보세요.

☞ 새로운 도읍을 정하려고 하는 이성계와 정도전에게 조언을 해볼까요?

육각모 색에 따라	직업에 따라	학자에 따라	역사적 인물에 따라
백색 (사실적 질문)	군인	정치학	이순신
노랑 (긍정적 질문)	종교인	경제학	이황
검정 (반론적 질문)	건설업자	역사학	이이
빨강 (직관적 질문)	수송업자	문화학	세종대왕
녹색 (창의적 질문)	농업인	지리학	신사임당
파랑 (검토적 질문)	공무원	군사학	광개토대왕

❖ **즉흥극** - 학예회 무대에 올리지 않는 이상, 간단한 즉흥극도 좋습니다. 문학작품의 등장인물 또는 역사적 인물에 대해 공부하고 그 상황에 대해 간단히 극을 만들어 발표하는 것이지요. 교과 시간뿐만 아니라 학교폭력 예방교육, 장애 이해교육, 교통안전교육, 흡연교육, 다문화 교육 등 유용하게 활용할 수 있는 활동이 많이 있습니다!

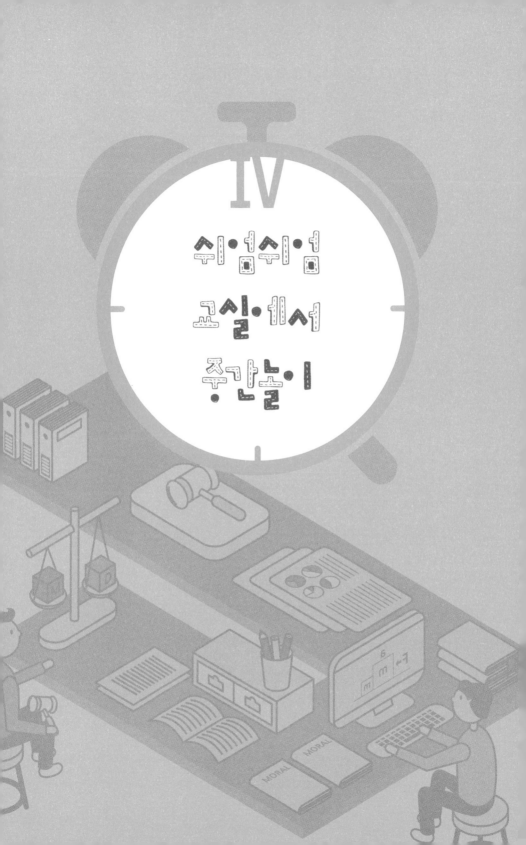

IV

수·능·수·능
교실·에서
주·관·식

뽕망치
야구

　중간놀이 시간 '30분'은 학생들과 활동하기엔 다소 부족한 시간입니다. 하지만 계획만 잘한다면 많은 것을 할 수 있는 충분한 시간입니다. 오전 1,2교시 열심히 공부한 아이들에게 즐거운 놀이 활동을 제안하는 것은 어떨까요? 날씨가 좋지 않고, 미세먼지 많은 요즘, 실외보다 실내에서 하는 교실 놀이 시리즈를 소개합니다.

　야구는 야외에서만 할 수 있고, 많은 인원이 있어야만 진행이 됩니다. 하지만 야구를 너무 하고 싶은 학생들에게 교실에서도 편리하게 즐길 수 있는 뽕망치 야구를 소개합니다. 탁구공과 뽕망치, 소수의 학생만 있어도 진행할 수 있는 게임입니다.

　기존의 야구와 규칙은 비슷하지만, 학생들의 득점 기회를 늘리고 간소화된 규칙을 정해 진행하면 좋습니다. 예를 들면, 학생들이 스트라이크 존에 공을 정확히 던지고 포수가 받아내는 것이 어렵기 때문에 스트라이크 존(매트를 세워 놓는다)의 면적을 크게 하거나, 루의 수가 많으면 학생들이 안타를 치더라도 공격 기회 내에 득점까지 이루어지기는 힘들기 때문에 루의 개수를 1개로 줄인 형태가 좋습니다. 또 너무 긴 경기 시간으로 인해 학생들이 지치는 것을 피하고, 속도감 있는 전개를 위해 게임을 9회가 아닌 3~5회까지 진행하여 결판을 내는 형식으로 진행합니다.

이렇게 활동해요

■ **교사 준비물**: 뿅망치, 탁구공
■ **학생 준비물**: 규칙 준수 정신

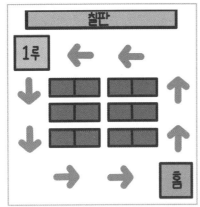

1. 책상을 교실 가운데로 모으고 1루와 홈의 위치를 정합니다. 파울, 안타와 스트라이크 존을 함께 정해주세요.

※ 게임에서는 1루만 존재하도록 하고, 교사의 판단 하에 2, 3루를 만들 수 있습니다. 파울은 홈의 양쪽 벽으로 합니다.

2. 3대 3으로 팀을 나누고, 공격 팀과 수비 팀을 정합니다. 공격 팀은 타자 순서를, 수비 팀은 포수 1명을 정합니다.

※ 공의 정확도를 높여 학생들이 공을 맞춤으로써 흥미를 높이기 위해 투수는 선생님이 담당하는 것이 좋습니다.

3. 투수가 공을 던지고 타자는 공을 타격한 후
1루로 뛰어갑니다. 수비 팀이 공을 타자보다
먼저 1루로 보내면 아웃으로 합니다.

4. 타자가 홈에 들어오면 1점으로 인정하고,
3아웃이 되면 1회의 점수를 합산한 뒤에
공격과 수비를 교대합니다.

※ 학생이 뿅망치를 들고 달리도록 해주세요!

이럴 때는 이렇게

❖ 학생들이 1루로 돌진할 때 벽에 부딪히는 경우

사용할 수 있는 매트가 있다면 매트를 터치하는 것으로 1루를 대체하
여 부상을 방지할 수 있습니다. 만약 매트처럼 충격을 받아줄 만한 교
구가 없는 경우에는 1루 자체를 교실 벽과 어느 정도 떨어진 위치에 잡
아줘야 벽에 부딪히지 않고 속도를 줄일 여유가 생깁니다. 다만 이럴 경
우 경기 공간이 그만큼 줄어든다는 점에 유의해야 합니다.

❖ 스트라이크, 볼의 개념 설명하기

학생들에게 스트라이크, 볼 등의 용어가 어렵게 느껴지는 경우, 공을
정확히 던지는 것을 '정확한 공', 공을 치지 못하고 뿅망치를 휘두르는
것을 '헛스윙', 정확하게 던지지 않는 것을 '부정확한 공' 등 더 쉬운 용어

를 사용하여 개념을 소개할 수도 있습니다. '정확한 공' 또는 '헛스윙'이 3번 반복되면 아웃, '부정확한 공'이 그보다 먼저 4번 반복되면 출루라는 개념을 학생들이 사전에 잘 익히도록 합니다.

교실
미식축구

넓은 공간을 활보해 공을 주고받으며 골인 지점까지 달려가는 미식축구, 과연 교실에서도 할 수 있을까요? 교실 속 책상과 소프트볼만 있다면 손쉽게 박진감 넘치는 경기를 할 수 있습니다. 몸싸움이 다소 우려되지만, 교실 미식축구는 손바닥 터치만으로 공격권을 가져오기 때문에 걱정은 안 하셔도 됩니다.

이렇게 활동해요

■ **교사 준비물**: 책상, 소프트볼, 골대 바구니

1. 교실에 빈 공간을 확보하고, 4~5명이 한 팀이 되어 양 팀을 구성합니다.

2. 공을 갖고 상대 골대로 향합니다. 공을 잡은 사람을 상대 팀 두 명 이상이 터치하면 공격권이 상대에게 넘어갑니다.

3. 또한, 패스한 공을 상대팀이 가로채도 상대에게 공격권이 넘어갑니다.

4. 공을 빼앗기지 않고 드리블과 패스로 상대방의 골대 (바구니 등)에 터치다운하면 1점을 획득합니다.

※ 장거리에서 던져서 바구니에 골인 시켜도 터치다운으로 인정하여 1점을 득점합니다.

이럴 때는 이렇게

❖ 공이 경기장 밖으로 아웃되는 경우

공을 경기장 밖으로 던지거나 나가게 되면 상대방에게 공격권을 넘겨줍니다. 공이 아웃되기 직전 마지막으로 몸에 닿은 쪽이 공격권을 넘겨주는 것이 원칙입니다. 공을 고의로 상대방의 몸에 던져 아웃되는 것을 노린 경우에도 마찬가지입니다. (다만, 학생들이 그러한 행동을 지나치게 남발하는 경우 교사의 재량에 따라 오히려 반대로 공격권을 넘겨줄 수도 있습니다.)

공을 잡은 선수의 몸 자체가 경기장 밖으로 나가는 경우에는 예외 없이 상대팀에게 공격권을 넘겨주도록 합니다.

이런 방법도 있어요

❖ 터치다운의 점수 차별화하기

교사가 학생의 민첩성과 돌파 능력을 강조하고 싶은 경우에는 점수를 차별화할 수 있습니다. 근거리에서 직접 손으로 공을 넣는 경우 2점, 멀리서 던져 넣는 경우 1점을 부여할 수 있습니다.

한편, 패스와 투척의 정확성을 강조하고 싶은 경우에는 오히려 반대로 멀리서 공을 넣을 때 2점, 근접 득점을 1점으로 정해 게임을 진행할 수도 있습니다.

뿅망치
펜싱

"할 수 있다. 할 수 있다. 할 수 있다." 브라질 올림픽 펜싱 금메달리스트 박상영 선수를 아시나요? 그날 이후 우리나라에서 펜싱의 인지도는 굉장히 높아졌습니다. 그런 열기에 힘입어 펜싱경기를 아이들과 직접 하려 했더니, 장비와 장소 등의 여러 여건이 허락되지 않았습니다. 무슨 방법이 없을까? 고민한 끝에 뿅망치 펜싱을 생각해냈습니다. 장비, 규칙을 최소화해 뿅망치만 있다면 어디서든 즐길 수 있는 뿅망치 펜싱을 지금부터 소개해 보겠습니다.

뿅망치 펜싱은 교실 뒤편에 적당한 공간을 마련한 후, 바닥에 색 테이프를 붙이기만 하면 경기 장소가 마련되기 때문에 손쉽게 게임을 준비하고 진행할 수 있습니다. 만약 교실 바닥이 타일 등으로 구성되어 타일 사이의 경계선이 그어져 있다면 바닥의 선을 경계선으로 이용하는 것도 좋습니다.

뿅망치 펜싱은 학생들의 순발력과 민첩성을 길러주는 좋은 운동입니다. 자신의 불필요한 움직임을 최소화한 채로 상대방의 움직임을 파악한 후, 상대의 공격을 피해내고 결정적인 공격을 가하는 것이 중요한 게임이므로, 집중력을 기르는 데에도 매우 효과적입니다.

선수뿐만 아니라 관중들 또한 흥미 있게 참여할 수 있는 놀이이며, 많은 인원이 한꺼번에 참가하는 운동이 아니므로 부상의 위험이 비교적 낮습니다. 다만 뽕망치를 사용할 때 뽕망치의 단단한 부분(손잡이)으로 상대방을 가격하지 않도록 주의시킬 필요가 있습니다.

이렇게 활동해요

■ **교사 준비물**: 테이프, 뽕망치
■ **학생 준비물**: 정정당당한 마음

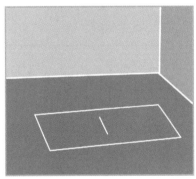

1. 교실 뒤쪽 바닥에 테이프를 활용하여 경기
   라인을 표시해 주세요.
※ 펜싱은 경기 공간의 폭이 넓을 필요가
   없으므로, 폭보다는 길이를 길에
   잡아주세요.

2. 펜싱경기에 출전하는 학생들은 가운데 선에
   뽕망치를 맞대고 준비합니다.
※ 두 학생이 시작 신호가 없을 때 시작하지
   않도록 뽕망치를 꼭 맞대어 서도록
   해주세요.

3. 내가 들고 있는 뿅망치가 팔을 제외한
   상대방의 신체 일부에 닿으면 득점합니다.
※ 학생들의 수준에 따라 신체 일부가 아닌
   머리를 맞춰야 득점하는 등 득점 방법을
   바꿀 수 있습니다.
※ 득점 후에는 경기 라인 끝에서
   재시작합니다.

4. 정해진 시간 내에 더 많이 득점하는 학생이
   승리합니다.
※ 학생들의 체력을 고려해서 게임 진행
   시간은 1분~2분 정도로 하는 것이
   좋습니다.

이럴 때는 이렇게

❖ 펜싱은 개인 스포츠이기 때문에 경기를 원하는 학생들끼리 진행하는
   것이 좋습니다. 뿅망치가 많이 있다면 교실 내에서 여러 경기를 진행할
   수 있지만 그렇지 못하다면 실정에 맞게 경기를 진행히고 관람하는 것
   이 좋습니다. 경기 중에는 학생들이 규칙을 잘 지키면서 경기에 임할
   수 있도록 지도하는 것이 필요합니다.

규칙1. 경기선 밖으로 발이 넘어가지 않도록 합니다.
규칙2. 욕설 및 친구를 모욕한 학생은 점수 -1점 감점
      (상황에 따라 더 큰 점수 페널티를 줄 수 있습니다.)
규칙3. 부위 당 점수 (팔- 1점, 몸통- 2점, 다리-3점)

❖ 무기 바꾸기

뽕망치는 안전성이 높은 교구이지만, 손잡이 부분이나 양 날의 이음새 부분이 플라스틱으로 되어있어 의외로 맞으면 아플 수 있습니다. 특히 저학년의 경우 부상이 우려되니 뽕망치 보단 긴 모양의 풍선 등 더 안전한 무기를 사용해 게임을 진행하는 게 좋습니다. 물론 타격감이 덜해 재미가 반감되는 것은 사실입니다. 그러니 손놀림이 미숙한 저학년이나 다칠 위험이 있는 경우에만 대체 무기를 사용하는 것이 좋습니다.

풍선
배구

놀이에서 가장 중요한 것은 안전입니다. 학생들이 다치지 않고 즐겁게 하는 것이 중요한데, 공에 대한 두려움이 있는 학생도 풍선과 함께 배구를 한다면 무서워하지 않고, 자신감 있게 게임에 참여할 수 있습니다. 그리고 팀원 모두가 한 번씩 풍선을 터치해야 하기 때문에 소외된 학생 없이 적극적으로 참여할 수 있습니다. 그 과정에서 학생들의 참여 비중이 양극화되는 것을 피할 수 있는 장점이 있습니다.

별다른 준비물 없이 교실에 적절한 공간을 확보한 후, 중간에 책상과 의자를 일렬로 세워 네트로 정하고 게임을 진행하면 됩니다. 학급에 있는 책상, 의자를 활용하기 때문에 누구나 손쉽게 준비하고 게임을 진행할 수 있습니다.

학생들의 수준에 따라 게임 난이도를 조절할 수도 있습니다. 풍선을 크게 불면 공의 속도가 느려 모든 학생들이 편하게 게임에 참여할 수 있으며, 풍선을 비교적 작게 불면 공이 빨리 날아가기 때문에 보다 더 속도감 있는 게임을 진행할 수 있습니다.

부상의 위험이 매우 낮다는 것은 풍선 배구의 큰 장점입니다. 다만 학생들이 네트 (책상, 의자)에 지나치게 접근해 부딪치거나, 공에 한꺼번에 몰려들어 서로 부딪치지 않도록 주의를 줄 필요는 있습니다.

이렇게 활동해요

■ **교사 준비물**: 풍선, 책상, 의자
■ **학생 준비물**: 페어플레이 정신, 팀원과의 협동 의지

1. 3인 1팀으로 팀을 구성하고 교실 뒤편을 책상으로 반을 나눠 팀별 영역을 정합니다. 게임이 낯선 학생들을 위해 미리 학생들의 역할을 정하는 것도 좋습니다.

2. 서브를 할 때 스파이크처럼 바닥을 향해 치지 않도록 유의하도록 하며 게임을 진행합니다.

※ 서브가 책상을 넘어가지 못하거나 바닥을 향해 내리꽂히는 경우 서브한 팀의 아웃으로 합니다.

3. 선수는 풍선을 한 번만 터치할 수 있고, 해당 팀의 모든 선수가 풍선을 한 번씩 터치한 후에 상대팀에게 풍선을 넘길 수 있습니다.

※ 모든 학생들이 참여하도록 합니다.

4. 풍선이 바닥에 닿은 경우 아웃으로 하고, 상대팀의 서브로 시작합니다.

※ 풍선이 사물함, 책상, 의자에 닿은 경우는 아웃이 아니며 더 가까이 있는 쪽 팀의 풍선으로 생각하고 경기를 진행합니다.

이렇게 활동했어요

❖ 게임을 시작하기에 앞서 팀을 정할 때에는 선생님 주도 아래 학생들끼리 손바닥 뒤집기, 가위바위보 등의 랜덤 게임을 통하여 정하는 것이 좋습니다. 그리고 경기 중에는 학생들이 규칙을 잘 지키면서 경기에 임할 수 있도록 잘 지도하는 것이 필요합니다.

규칙1. 풍선이 경기선을 넘어가지 않도록 유의한다.

　　　　넘어갈 경우 상대팀의 풍선 소유권 인정

규칙2. 욕설 및 친구를 모욕한 학생은 선생님 판단하에 30초간 퇴장

규칙3. 팀원끼리 간단한 응원 구호를 정하여 매번 서브하기 전에 함께 외친다.

❖ 운동신경이 부족하여 팀원에게 무시당하는 학생

간단하게 풍선을 주고받는 활동이라도 어려워하는 학생이 있습니다. 그럴 때는 선생님이 중간에서 심판 역할을 하면서, 두 팀을 서로 도와주는 쪽으로 협의한 후 부진한 학생을 적절하게 도와주는 형태로 진행합니다.

❖ 다양한 배구 경기 진행

경기에 참여한 학생 수가 많으면 토너먼트로 게임을 진행하고, 학생 수가 적으면 밀어내기(이긴 팀은 계속 게임에 참여하고 진 팀을 바꾸는 형식) 식으로 진행합니다. 그리고 한 세트의 점수는 학생의 운동능력에 따라 5, 10점 등 유동적으로 정할 수 있습니다.

❖ 앉은뱅이 배구

경쟁하는 배구를 협동하는 배구로 바꾼 형태입니다. 학생들 8~10명 정도가 한 팀이 되도록 둥글게 앉힌 뒤, 풍선 3개를 서로 주고받으면서 풍선을 바닥에 닿지 않도록 하는 것이 게임의 규칙입니다. 시간이 오래 걸리면 풍선의 개수를 늘려줍니다. 가장 오랫동안 풍선이 땅에 내려오지 않는 팀이 이기는 게임입니다. 학생들은 바닥에서 움직일 수 없으며 서로에게 적당한 힘과 알맞은 방향으로 풍선을 패스해야 합니다.

교실
농구

유명한 실내 스포츠인 농구는 넓은 체육관에서만 할 수 있는 운동이 아닙니다. 교실에서도 학생들과 즐겁게 즐길 수 있는 '교실 농구'가 있어 소개합니다.

농구라 하면 몸싸움이 거친 스포츠라고 대부분 생각합니다. 하지만 지금 소개하는 '교실 농구'는 학생들이 제자리에서 공을 주고받으며 골을 넣는 안전한 놀이입니다. 드리블이 없기 때문에 자연스럽게 몸싸움이 일어나지 않습니다. 대신 빠르고 정확한 패스로 게임을 진행해야 하기 때문에 학생들에게 집중력이 길러질 수 있습니다. 또한 자리 선정이 매우 중요한 놀이이므로, 학생들이 저음 자리를 정할 때 팀원들의 논의 과정에서 게임 이해도와 분석력을 높이는 데에도 도움이 됩니다. 그리고 골을 넣기가 쉽지 않아, 학생들의 실력 차이가 크게 드러나지 않습니다. 학생들에게 규칙과 틀만 잘 인지시켜놓으면 선생님의 특별한 개입 없이 학생들이 모여 쉽게 할 수 있는 놀이입니다.

교실 농구는 그 자체로 부상의 위험성을 최소화한 놀이이지만, 공이 딱딱하거나 무거운 경우 잘못 패스된 공에 다칠 위험이 있습니다. 따라서 진

짜 농구공을 이용하지 않고 딱딱하지 않는 좀 더 가벼운 공 (피구공, 고무공 등)

으로 게임을 진행하는 것도 좋은 방법입니다.

■ **교사 준비물:** 스펀지 공, 골대(빈 학급 바구니)

■ **학생 준비물:** 페어플레이 정신, 팀원과의 협동 의지

1. 학급을 반으로 나눠 팀을 구성합니다. 골키퍼 1명, 수비 2명, 미드필더 2명, 공격 2명 등으로 역할을 나눠도 좋습니다.

2. 교실을 대각선으로 길게 활용할 수 있도록 책상을 정리하고 골대와 학생들의 위치를 정합니다.

※ 상대팀과 너무 붙어있거나 우리 팀과 너무 떨어져 있지 않도록 선생님이 자리 배치를 조정해 주세요.

3. 각 자리에 위치한 학생들은 오른발은 바닥에 고정시키고 왼발만 움직여 방향을 바꿀 수 있습니다.

※ 공을 놓치거나 오른발이 떨어진 선수는 공격권을 상대에게 넘깁니다.

4. 공을 받아든 선수는 3초 내에 다른 선수에게 패스합니다. 근처 다른 팀 선수에게 뺏기지 않도록 조심하세요.

이럴 때는 이렇게

❖ 점수 차이가 잘 나지 않아 흥미를 잃은 경우

바구니에 공을 넣는 것이 학생들에겐 어려울 수 있습니다. 경기 초반엔 학생들이 흥미 있게 참여하지만, 점수가 많이 나지 않으면 흥미는 점점 떨어지게 됩니다. 이때는 바구니를 맞추는 것만으로도 점수를 인정해 주는 것도 좋은 방법입니다.

❖ 상대방의 바구니(골대)와 지나치게 가까운 곳에 대기하고 있다가 골을 넣는 경우

바닥에 테이프 등으로 상대팀 선수 접근 금지 구역을 정해두는 것이 좋습니다. (그 범위는 골대로부터 2미터 전후로 정하는 것이 좋습니다.) 실제 농구 경기에서는 상대 골대 쪽 페인트 라인에 3초 이내까지는 머물 수 있으나, 교실

농구는 보다 정적인 운동이므로 페인트 라인과 비슷한 접근금지구역을 정하되 아예 접근을 못 하게 하는 것이 좋습니다.

❖ 다양한 농구 경기 진행

경기에 참여한 팀이 많으면 토너먼트로 게임을 진행하고, 적으면 밀어내는 방식(이긴 팀은 계속 게임에 참여하고 진 팀을 바꾸는 형식)으로 진행합니다. 그리고 한 세트는 5~10분으로 상황에 맞게 제한하여 진행합니다. 시간 내에 경기가 마무리되지 못할 경우에는 자유투를 합니다.

이런 방법도 있어요

❖ 공이 허공에 있을 때 움직이고, 누군가 잡았을 때 멈추기

학생들 모두 고정된 자리에서 패스만으로 경기를 진행하는 것은 지나치게 게임이 단조로워질 수 있습니다. 이점을 보완하면서도 몸싸움의 위험을 낮추는 게임 방법은 다음과 같습니다.

1. 공이 누군가의 손에 있을 때는 모든 선수가 그 자리에서 멈춰 한 발을 고정한 채로 방향만 바꿀 수 있습니다.
2. 공이 패스되는 도중, 즉 공이 허공에 떠 있는 상태에서는 모든 선수가 자리를 이동할 수 있습니다. 이때 상대방의 패스를 가로채거나, 다음 차례의 공격 또는 수비를 위해 유리한 위치로 미리 이동하는 동작이 가능합니다.
3. 일단 공을 잡으면 그 공을 억지로 빼앗으면 안 되며, 즉시 멈추도록 합니다.

교실
탁구

　누구나 한 번쯤 해봤을 탁구! 탁구대를 설치하고 해체하는 게 간단해 보이지만, 무거운 탁구대를 옮기는 건 여간 힘든 일이 아닙니다. 하지만 지금 소개할 교실 탁구는 체육관까지 가지 않고도 우리 반에 있는 물건만으로 간단하게 교실에서 즐길 수 있습니다. 번거롭게 자리를 많이 차지하는 탁구대 대신 교실의 책상이 훌륭한 대체물이 될 수 있습니다. 또 탁구채가 존재하지 않는다면 허니콤보드, 깨끗한 실내화 등 다른 물건들이 그 자리를 대신해도 됩니다. 교실 네트가 있으면 좋겠지만, 교과서나 작은 교구 상자들도 그 역할을 충실히 해낼 수 있습니다.

　책상으로 만든 탁구대는 기존 탁구대보다 크기가 작기 때문에 동작을 크게 하고 힘 있게 공을 넘기는 것보다는 공을 정확하게 넘기는 집중력과 침착함이 더욱 요구됩니다. 때문에 안정적인 자세와 힘을 유지하면서 게임을 진행하는 능력을 길러줄 수 있습니다.

　교실 탁구에서는 부상의 위험이 거의 없지만, 학생들이 책상 모서리에 부딪히지 않도록 주의를 주면 좋습니다.

■ **교사 준비물**: 탁구공, 허니콤보드 (이외의 채로 사용할 다른 물건 OK) 교과서나 포스터물감,
　　　　　　클레이 상자 등 책상 사이에 세워둘 물건

■ **학생 준비물**: 민첩함

1. 탁구 경기를 시작하기 위해 책상 두 개를 길게 이어 탁구대를 만듭니다.	2. 네트를 대신하기 위해 가운데에 물건을 세워주세요.
※ 학생들의 수준에 따라 복식으로 진행할 수 있으며 가로, 세로로 책상을 추가하여 붙일 수 있습니다.	※ 가운데 물건이 너무 높아 탁구공의 진로를 방해하지 않도록 유의하세요.

3. 각 선수는 허니콤보드, 실내화 등 탁구공을 칠
   수 있는 채를 들고 책상의 양 끝에 섭니다.

4. 기존 탁구게임과 동일하게 3세트 11점으로
   진행하고 네트 너머로 탁구공을 넘기지
   못하는 경우 아웃으로 합니다.

   ※ 탁구공이 네트로 세워놓은 물건 위에 있는
      경우는 아웃으로 보지 않습니다.

이럴 때는 이렇게

❖ 학생들이 책상이 좁아 탁구 경기를 어려워하는 경우

   두 개가 아닌 네 개를 이어 붙이는 것도 가능합니다. 다만, 학생들이
   지나치게 어려워하지 않는 이상 책상 두 개를 이어 붙인 경기를 먼저 경
   험하게 하는 것이 좋습니다.

이런 방법도 있어요

❖ 복식경기

   책상을 두 개가 아닌 네 개를 이어 붙인 상태에서 복식 경기를 진행할
   수도 있습니다. 이때, 실제 복식 탁구게임에서처럼 학생들이 같은 팀 내
   에서 공격 순서를 번갈아서 가지는 것을 기본으로 하되, 학생들이 지

나치게 어려워하는 경우 같은 팀 내에서 공격 순서를 굳이 정하지 않고 경기를 진행할 수도 있습니다.

❖ 토너먼트와 리그전

교실 내에 2개 이상의 탁구대를 만들고 토너먼트 경기를 진행할 수 있습니다. 단식경기 또는 복식경기를 진행하기 전 대진표를 작성합니다. 승자끼리 올라가는 토너먼트 형식의 게임 진행은 재미를 한층 상승시켜줄 것입니다.

한편, 토너먼트에서 일찍 탈락한 팀은 이미 올라간 친구들을 응원하는 재미도 느낄 수 있겠지만, 아쉬움을 느끼는 학생들도 많을 것입니다. 교실의 규모가 크지 않다면 모든 팀들이 서로 붙어서 승점(승리:1, 패배:0점)을 많이 획득하는 팀이 우승 팀으로 결정되는 리그전 형태로 진행하는 것도 바람직합니다.

교실
축구

　운동장에서 할 수 있는 놀이의 꽃은 축구라고 할 수 있습니다. 하지만 그만큼 축구는 날씨의 영향을 많이 받습니다. 축구가 너무 하고 싶은데 비가 올 때면 잠깐 할 수 있는 교실 축구를 소개합니다.

　교실 축구는 기존 축구와 룰이 거의 동일합니다. 하지만 종목 특성상 몸싸움이 벌어지는 일이 비교적 잦고 공에 맞아 부상을 당하는 일도 자주 발생하기 때문에 교실에서는 어느 정도의 규칙 수정이 이뤄져야 합니다. 게임 진행 시 각 팀을 소수 (2~3명)로 구성하면 그만큼 몸싸움이 일어날 가능성이 낮아집니다. 또 헝겊 공, 고무공 등 부드러운 재질의 공을 사용하면 공에 의해 부상당할 가능성도 낮아집니다.

　골대를 대체할 물건은 교실의 크기와 학생들의 수준에 맞게 적절한 대체물을 선택하여 사용하면 됩니다. 또는 골대의 범위를 정해놓는 다른 물건 (의자 등) 2개를 적절히 배치하여 그 두 물건 사이를 골대의 범위로 지정하는 방법도 있습니다.

■ **교사 준비물:** 헝겊 공, 골대

■ **학생 준비물:** 페어플레이 정신, 협동정신

1. 책상을 앞으로 밀어 교실 뒤편에 공간을
   만들고 2대 2로 축구 경기에 참가할 팀을
   꾸립니다.

※ 반 전체 대항전을 할 때는 토너먼트로
   진행합니다

2. 게임에 참여하는 선수들의 협의를 통해
   골대의 크기를 정해 세워놓습니다..

※ 학생들끼리 정하기 어려운 경우 선생님이
   학생들의 수준이나 학년을 고려하여
   골대의 크기를 정해주세요.

3. 게임의 전체 총점을 정하고, 가위바위보로
   먼저 공격할 순서를 정해 게임을
   진행합니다.

※ 물론 총점이 아닌, 총 경기 시간을 정해서
   진행하는 것도 가능합니다.

4. 공을 손으로 잡으면 반칙으로 페널티킥의
   기회를 줍니다.

※ 페널티킥은 공격수와 상대팀 골키퍼가
   1:1인 상황에서 진행하며, 거리는 학생들의
   수준을 고려해 정합니다.

❖ 학생들이 골을 넣는 것을 지나치게 쉬워하거나 어려워하는 경우

기본적으로 경기장의 넓이와 골대의 넓이로 난이도를 조정할 수 있습니다. 게임의 난이도는 골이 평균적으로 2~3분에 1골이 들어가게 하는 것이 좋습니다. 쉬는 타임 없이 게임 진행 시간이 10분을 넘기지 않도록(10분이 넘어가기 전에 전반전, 또는 게임 자체를 마치는 방식으로) 진행하는 것이 좋습니다. 다만 이는 학생들의 실태와 흥미에 따라 교사가 경험적으로 결정하세요.

❖ 학생들이 익히려는 기술에 따른 팀 구성

◆ 드리블 기술을 강조하고 싶은 경우 :

2대 2로 팀을 구성합니다. 한 명은 골키퍼 겸 수비수, 나머지 한 명은 공격수로 참여합니다. 이런 경우 골키퍼 겸 수비수를 맡은 학생은 적극적으로 공격에 가담하는 데에 한계를 드러낼 수밖에 없기 때문에 공격수 역할을 맡은 학생의 드리블 위주 게임 진행이 됩니다. 공격과 수비의 역할을 모두 경험해 보도록, 공격수와 수비수를 주기적으로 교체할 수 있게 하는 것도 좋은 방법입니다.

◆ 드리블 및 패스 기술을 전반적으로 사용하게 하려는 경우 :

한 팀에 최소 3인 이상이 있어야 패스와 패스 가로채기 연습이 수월할 것입니다. 인원이 다소 늘어나는 만큼 불필요한 몸싸움과 부상을 당할 수 있으니, 교사는 더욱더 신경을 쓸 필요가 있습니다.

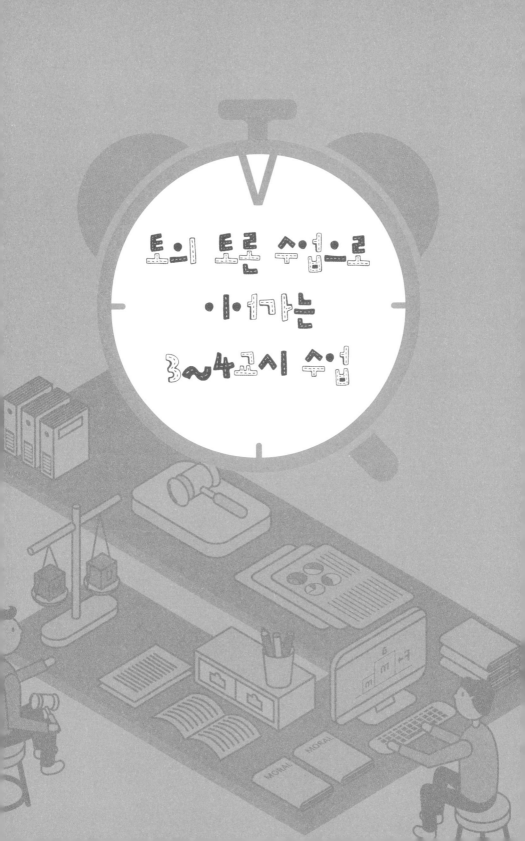

브레인 라이팅
토의 수업

　흔히들 4차 산업 혁명의 시대라고 합니다. 기존 암기 위주의 지식 사회에서 자기 구성적, 체험적, 실천적인 지식의 사회로 변화하는 중입니다. 인공지능, 사물인터넷, 빅데이터, 1인 미디어 플랫폼이 떠오른다고 하면 당신은 4차 산업혁명의 시대에 살고 있는 것입니다.

　이러한 시대적·사회적 요구에 따라 우리 교육계는 학생들이 살아갈 미래 사회에 필요한 역량을 기르는 역량 중심의 교육과정과 수업 혁신을 위해 노력 중입니다. 그중 토의 토론 수업은 수업혁신의 한 가운데에 서있습니다.

　토의 토론 수업 기법은 몇 가지 종류만 알아 놓아도 전 과목에 걸쳐 두루 사용할 수 있습니다. 필요에 따라 응용도 가능합니다. 브레인 라이팅 기법은 자신의 생각을 다른 친구들과 공유하여 공통점을 찾아내 유목화하는 기법으로, 토의 토론 수업의 대표적인 생각 나눔 기법입니다. 자신의 생각을 정리하여 친구들에게 설명하고, 유목화하는 과정을 통해 학생들의 미래 핵심 역량이 쑥쑥 커나가게 됩니다.

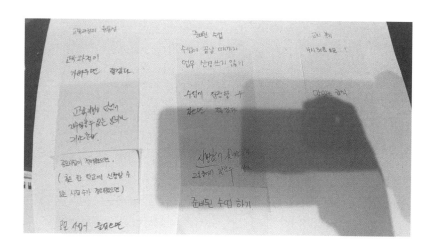

- **교사 준비물**: 칠판 자석, 생각 나눔 툴
- **학생 준비물**: 모둠별 화이트보드, 붙임 종이, 필기구

① 학습(토의)할 주제에 대해 학생들에게 미리 자료조사, 생각 정리 등 예습적 과제를 부여합니다.

② 수업 시간이 되면 학생들은 과제를 바탕으로 조사자료 결과물이나 자신의 생각을 붙임 종이 하나에 하나씩 써 나아갑니다.(붙임 종이가 조금 많이 필요하긴 합니다.)

③ 모둠끼리 자료와 생각을 모읍니다. 모둠 번호 1번이 화이트보드에 자신이 모은 자료나 생각을 하나씩 붙입니다.

④ 모둠 번호 2번이 자신의 붙임 종이를 붙입니다. 모둠 번호 1번 친구와 똑같은 자료나 생각은 1번 친구가 붙인 붙임 종이 아래에, 다른 자료나

생각은 다른 빈 곳에 붙입니다.

⑤ 모둠 번호 3번이 자신의 붙임 종이를 붙입니다. 앞선 친구들과 똑같은 자료나 생각은 앞선 친구가 붙인 붙임 종이 아래에, 다른 자료나 생각은 다른 빈 곳에 붙입니다. 모둠 번호 4번 학생도 동일하게 활동합니다. 모둠 토론을 통해 분류된 것들에는 제목을 붙입니다. 이로써 모둠별로 공통 자료와 아이디어를 도출할 수 있습니다.

⑥ 학급 전체의 자료와 생각을 모을 차례입니다. 각 모둠별로 정리한 자료와 도출된 아이디어를 돌아가며 발표하고, 선생님은 그 자료와 아이디어들을 또다시 묶어 학급 전체의 공통된 의견을 도출합니다.

이렇게 활동했어요

단원	5-4-1. 경제 성장의 그림자	주제(제재)	경제 성장 과정에서 나타난 문제점을 해결하기 위한 노력 알기	차시	3/13
학습 목표	경제 성장 과정에서 나타나는 문제점을 알고, 해결 방안을 제시할 수 있다.				

과정(시간)	학습요소	교수·학습 활동	자료(菜) 및 유의점(愈)
문제 사태 파악 (5′)	동기유발	⊙ 동기 유발. ㅇ 여러분이 조사한 경제 성장 과정에서 나타난 문제 사례를 발표해 봅시다. - 빈부격차, 자원 고갈, 노사갈등 등의 문제 ㅇ 이런 문제가 지속된다면 어떻게 될까요? - 사회가 혼란스럽게 됩니다./우리 생활이 불편해집니다.	菜 프레젠테이션-여러 문제점들을 보여주는 사진 자료
	학습 문제 파악	⊙ 학습문제 파악하기 **경제 성장 과정의 문제점을 해결하기 위한 노력을 알아봅시다.**	愈 경제성장 과정에서 나타난 문제점을 떠올릴 수 있도록 사진자료를 제시한다.
정보 수집 (10′)	문제발생 원인 알아보기	<활동1> 문제발생 원인 ㅇ 모둠별로 경제성장 과정에서 나타난 문제의 원인을 이야기해 봅시다. - 빈부격차/자원 고갈/노사갈등/환경오염 등 원인을 이야기한다.	愈 허용적인 분위기를 조성한다.

과정(시간)	학습요소	교수·학습 활동	자료(資) 및 유의점(有)
대안 제시 및 문제 해결 (20´)	문제점을 해결하기 위한 노력 토의하기	◉ <활동2> 해결 노력 알아보기 ○ 경제 성장에서 나타난 문제를 해결하기 위해 할 수 있는 노력에는 어떤 것들이 있는지 모둠별로 생각해 봅시다. - 각자 의견을 2~3가지씩 붙임 종이에 작성한 후 돌아가며 말한다. (브레인 라이팅, 돌아가며 말하기) - 모둠의 의견 중 중복되는 것은 하나로 모으고 정리된 의견을 화이트보드에 기록한다. ○ 경제 성장 과정에 따른 문제점을 해결하는 방법을 모둠별로 발표해 봅시다. - 모둠별로 발표하며 질의응답한다.	資 모둠판, 붙임 종이, 문제 상황 카드 有 다른 사람들을 존중하며 의견을 나눌 수 있도록 한다. 有 교사의 추가 자료를 통해 다양한 해결 방법을 함께 생각해 본다.
	방법 더 찾아보기	○ 경제 성장 과정에서 나타난 문제의 해결하기 위한 방법을 더 찾아봅시다. - 추가 자료를 바탕으로 2차 브레인 라이팅 한다.	
정리 (5´)	생활의 적용	○ 경제 성장 과정에서 나타난 문제점을 해결하기 위해 내가 실천할 수 있는 일을 생각해 봅시다. - 가정에서/학교에서 실천할 수 있는 일을 생각한다.	有 학교에서 실천할 수 있는 좋은 아이디어는 학급회의 시간과 연계한다.
	학습내용 정리하기	◉ 학습 내용 정리하기 ○ 이번 시간 공부를 통해 알게 된 점을 이야기해 봅시다. - 경제 성장 과정에서 나타난 문제점을 해결하기 위한 방법을 알게 되었습니다.	

이럴 때는 이렇게

❖ 브레인 라이팅 결과물을 학급 환경판에 게시하여 과정 중심 평가하기- 따로 학급 환경판을 꾸미는 절차 없이 전지 또는 4절 도화지 맨 위에 주제만 씁니다. 학생들은 활동했던 붙임 종이들을 그 아래 붙여 환경판을 꾸밉니다. 또한 각자가 실천할 수 있는 일을 중심으로 프로젝트를 설계해 도덕, 실과, 미술 수업 활동을 합니다. 그 결과물을 학급 환경판에 게시하여 과정 중심 평가의 자료로 활용합니다.

❖ 3학년 사회 시간 - 목적지를 갈 때 사용할 수 있는 대중교통에는 무엇이 있을지 주제를 던져주고 포스트잇에 적게 합니다. 이때 목적지는 제

주도, 해외, 국내 등 다양하게 설정합니다. 포스트잇에 적는 것이 끝나면 손을 들어 발표하게 합니다. 친구의 의견을 잘 듣고 자신과 같은 내용인 경우 앞으로 나와 포스트잇을 칠판에 붙이게 합니다. 이때 선생님은 같은 내용끼리 묶어 정리해 주면 얼마나 많은 학생들이 같은 생각을 하고 있는지 한눈에 들어와 편리합니다.

❖ 독서토론에서 논제를 정할 때 학생들과 함께 정하는 것이 좋습니다. 이때 브레인 라이팅 기법을 활용하여 등장인물의 성격을 유추합니다. 유추한 내용이 서로 다를 때는 이를 바탕으로 간단한 이야기를 한 후 토론의 논제로 정합니다. 예를 들어 "심청이는 ○○이다."를 각자 5개 이상씩 메모지에 적어 붙이게 합니다. 한 학생은 '심청이는 효녀이다.'라고 적었고 한 학생은 '심청이는 불효자이다.'라고 적었다면 그 이유를 각각 발표시킨 후 이를 논제로 정하여 토론을 진행합니다.

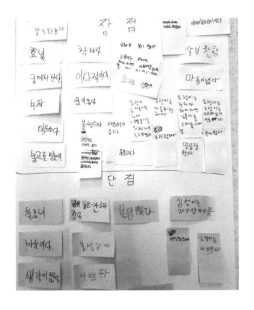

피라미드
토론

피라미드 토론 기법은 수업의 흐름을 읽고자 하는 선생님께 가장 먼저 추천해 드리는 토론 기법입니다. 이제까지 참관했던 좋은 수업의 공통적 흐름은 먼저 학생 각자의 생각이나 경험을 나누는 동기 유발로 시작하여 모둠, 전체 활동으로 확산, 각자의 다짐이나 생활에 적용하기 등의 정리 단계를 거치는 것이었습니다. [개인 활동]⇨[짝 활동]⇨[모둠 활동]⇨[전체 활동]⇨[개인 활동]의 흐름으로 이어지는 토의토론 수업 사이에 선생님이 중간중간 수업의 가지를 조금씩 쳐주는 것입니다.

피라미드 토론은 [개인 생각 쓰기] ⇨ [1:1짝 토론] ⇨ [2:2모둠 토론] ⇨ [4:4분단 토론] ⇨ [전체토론] ⇨ [개인 생각 정리]의 흐름으로 전개해 나아가는 수업입니다. 항아리 모양의 수업(학생 활동이 점진적으로 확산하다가 수렴하는) 전개 기술을 연습해 볼 수 있는 좋은 방법입니다.

이렇게 활동해요

■ **교사 준비물**: 없음
■ **학생 준비물**: 논제에 대한 근거자료, 4단 논법으로 정리된 각자의 생각

① 논제에 대한 자신의 의견을 4단 논법으로 2~3개씩 정리합니다.(수업 전 논제를 미리 안내하고, 과제물로 해오는 것을 추천해 드립니다.)

② 짝과 함께 질의응답하며 1:1 토론합니다. 각자의 의견에서 더 좋은 의견을 판단하고 (절반으로) 선택한 뒤, 선택한 의견을 학습지에 정리합니다.

③ 짝이 한 팀이 되어 같은 모둠 구성원과 2:2 모둠 토론을 합니다. ②의 방법대로 더 좋은 의견을 (절반으로) 선택한 뒤 학습지에 정리합니다.

④ 1:1, 2:2토론과 같은 방법으로 옆 모둠 친구들과 4:4토론을 진행합니다. ②의 방법대로 더 좋은 의견을 (절반으로) 선택한 뒤 학습지에 정리합니다.

⑤ 토론 결과로 선택한 의견을 각 분단에서 한 명씩 발표합니다. 발표한 의견 중 어떤 의견이 좋을지 전체 토론을 합니다. 좋은 의견을 다수결로 정하고 학습지에 정리합니다.

⑥ 하나로 모아진 의견에 대해 자신의 실천 다짐 및 학급의 실천 방안을 생각해 보고, 공언합니다. (필요하면 모아진 의견을 학급 회의로 연결합니다.)

단원	9. 추론하며 읽기	주제(제재)	토의 규칙을 지키며 토의하기	차시	6/8
학습 목표	• 토의 주제에 대하여 토의 규칙을 지키며 토의할 수 있다.				

과정(시간)	학습요소	교수·학습 활동	자료(재) 및 유의점(유)
주제 확인하기 (10')	동기유발 학습 문제 확인하기	◉ 동기 유발. ○ 지난 시간에 읽은 내용을 확인해 보기 위한 하이파이브 퀴즈게임을 해봅시다. ○ 백선행이 평생 모은 돈을 다른 사람을 위해 쓴 까닭은 무엇인가요? - 돈은 돌고 도는 것이라고 생각했기 때문입니다. ○ 그렇다면, 친구들은 백선행처럼 열심히 돈을 많이 모아서 우리나라를 위해 사용할 수 있습니까? - 네, 할 수 있습니다. 왜냐하면 ~ 하기 때문입니다. ○ 오늘은 지난 시간에 선정했던 토의 주제에 대해 토의해 봅시다. ◉ 학습문제 **규칙을 지키며 토의해 보자.**	유 하이파이브 퀴즈게임- 사실, 상상, 적용 질문을 각각 하나씩 만들어 친구들과 돌아가며 문제를 내고 풀어보게 한다. 유 난 시간에 정한 토의 주제와 밀접한 관계가 있으므로 여러 방안으로 생각해 볼 수 있게 한다.
토의·토론 준비하기 (5')	토의 주제 확인하기	◉ <활동1> 토의 주제 확인하기 ○ 지난 시간에 선정했던 토의 주제는 무엇이었나요? **[우리 반이 실천하는 '나라사랑']** ○ 우리 반의 봉사 활동 방법을 2가지씩 붙임 쪽지에 적어 봅시다. - 한 사람당 2장의 붙임쪽지를 갖고, 한 장에 한 가지 생각씩을 적는다. ○ 4단 논법을 활용하여 핵심 단어를 간결하게 순서대로 써 봅시다. - 각자 붙임쪽지에 자신의 의견과 이유를 적는다.	재 붙임쪽지, 모둠 바구니 유 자신의 생각과 이유를 미리 생각해 오도록 해서 본시에는 활발히 활동할 수 있도록 지도한다.
토의·토론 하기 (15')	토의하기	◉ <활동2> 토의하기 ○ 지금부터 '우리 반이 실천하는 나라사랑'에 대한 모둠 토의를 시작하겠습니다. 짝과 함께 2명의 의견을 모아봅시다.(1:1의견 모으기) - 짝과 함께 가장 좋은 생각이라고 여겨지는 의견을 2가지로 모은다. ○ 모둠별로 의견을 모아봅시다.(2:2 의견 모으기) - 짝끼리 선택한 의견을 모둠원이 모여 가장 좋은 생각이라고 여겨지는 의견을 2가지로 모으고 붙임쪽지에 쓴다.	재 모둠 활동판 [존중], [배려] 유 비슷한 것이 있으면 그 의견 옆에, 없으면 아래에 붙임쪽지를 붙여 자연스럽게 분류한다.

과정(시간)	학습요소	교수·학습 활동	자료(ﾁ) 및 유의점(ﾕ)
정리 평가하기 (10')	토의 결과 정리	⊙ <활동3> 토의 결과 정리하기 ㅇ '우리 반이 실천하는 나라사랑'에 대한 실천 방안을 모둠별로 발표해 봅시다. - 저희 모둠이 생각한 '우리 반이 실천하는 나라사랑'에 대한 실천 방안은 첫 번째는 ~입니다. 그 이유는 ~하기 때문입니다. 예를 들면 ~은 ~입니다. 그래서~해야 합니다. - [1모둠]~[3모둠]의 모둠 토의 내용을 전체 발표 및 질의응답한다. ㅇ 각 모둠이 제시한 의견 중 지속적으로 실천 가능한 의견에 스티커를 붙여 봅시다. ⊙ 실천 다짐 및 방법 정하기 ㅇ 전체 토의 결과를 생활 속에서 어떻게 실천할 것인지 자신의 다짐을 발표해 봅시다. - 자신의 다짐을 적어 친구들 앞에서 발표하고 공언하며, 교실 게시판에 전시한다.	ﾕ 모둠판을 칠판에 부착한다. ﾁ 자석 ﾕ 토의가 끝난 후 붙임쪽지는 교과서에 붙이도록 한다. [책임] ﾕ 토의 결과는 생활 속에서 실천할 수 있는 내용으로 정하도록 안내한다.

이럴 때는 이렇게

❖ 서로의 의견이 팽팽해 대표 의견을 뽑지 못할 때

⇨ 토의 주제 또는 논제를 미리 제시하고, 4단 논법으로 정리해 오게 하
세요.

⇨ 좋은 의견에 대한 기준을 알려주세요.

(4단 논법 중'설명'이 중요해요. 주장과 근거를 뒷받침하기 위한'설명'은 공부 또는 준비가 되어있어야
충분히 설명할 수 있어요.)

이런 방법도 있어요

❖ 포토 스탠딩 토론 포토 스탠딩 토론은 여러 가지 사진 중 주제와 관련
된다고 생각하는 사진 하나를 골라 자신의 생각을 펼쳐나가는 토의토
론 기법입니다. 피라미드 토론과 연계하여 주제와 관련한 사진을 선정
해 보세요!

<토의토론 주제: 배려란 무엇인가?>

선생님: 자신이 생각하는 배려란 어떤 장면인지 주어진 여러 가지 사진 중에서 하나를 골라 왜 그렇게 생각하는지 4단 논법으로 정리해 볼까요? (개인 활동)

학생1: 저는 손을 잡아주는 사진이 배려에 가장 가깝다고 생각합니다.

학생2: 저는 옆 사람의 이야기를 들어주는 사진이 배려에 가장 가깝다고 생각합니다.

학생3: 저는 구슬이 꿰어진 사진을 배려라고 생각합니다.

학생4: 저는 햄버거 사진이 배려에 가장 가까운 사진이라고 생각합니다.

선생님: 모둠에서 배려와 가장 가깝다고 생각하는 의견을 선정하고, 선정된 의견을 발표자가 전체 친구들에게 설명해 볼까요? (모둠활동 ⇨ 전체 활동)

학생 전체: 학생들은 의견을 들으면서 가장 좋은 설명을 한 모둠과 사진 내용을 메모한다.

선생님: 주제와 가장 가깝게 생각되는 사진에 스티커를 붙여 봅시다.

PMI
토의 토론

PMI 토론은 한 가지 주제에 대하여 장점(P: Plus)과 단점(M: Minus)을 모두 생각해 보고, 대안(I: Interesting)을 찾아보는 활동을 통해 보다 합리적인 의사결정을 하기 위한 토론 방법입니다.

국어 시간, 인물의 말과 행동에 대해 평가하는 종합적인 판단을 할 때 유용하게 사용할 수 있습니다. PMI에 대해 충분히 연습됐다면 학급회의나 전교 학생회의 시간에도 활용할 수 있습니다.

또한 "초등학생의 이성 교제는 옳다", "광해군의 중립외교는 옳다", "지역의 경제 발전을 위한 자연 개발은 옳다"와 같은 찬반 토론 수업에 앞서 장점과 단점, 대안을 친구들과 함께 PMI로 충분히 의견을 나눈 후, 찬반 대립 토론을 실시하면 효과적입니다.

그 외 선생님들의 학교 특색 교육 활동 정하기, 교육과정 평가회, 수업 나눔 등 내실 있는 회의를 할 때에도 사용할 수 있는, 한 번 알아 놓으면 두고두고 써먹을 수 있는 필방미인 기법입니다.

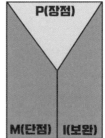

■ **교사 준비물:** 없음

■ **학생 준비물:** 붙임 종이, 4단 논법으로 정리된 각자의 생각

① 의사 결정을 위한 주제를 제시합니다.

② 주제에 대한 장점(P:Plus)을 붙임 종이 한 장에 하나씩 각자 4단 논법으로 정리합니다.

③ 주제에 대한 단점(M:Minis)을 붙임 종이 한 장에 하나씩 각자 4단 논법으로 정리합니다.

④ 브레인 라이팅에서 유목화했던 것처럼, 장점은 장점끼리 묶고 단점은 단점끼리 묶어가며 발표합니다.

⑤ 장점을 살리고 단점을 보완하는 대안(I:Interesting)에 대해 의견을 내고 질의응답합니다.

⑥ 토론한 내용을 바탕으로 개인별 의사결정을 하고, 왜 그러한 결정을 내리게 되었는지 이야기합니다.

단원	3. 사람들이 모이는 곳	주제(제재)	약속하기 좋은 장소 찾기	차시	6/16
학습 목표	약속 장소로 정하기 좋은 곳을 찾고 그곳으로 가는 방법을 설명할 수 있다.				

과정(시간)	학습요소	교수·학습 활동	자료(재) 및 유의점(유)
도입 (7')	동기유발 학습 문제	◉ 마을의 이곳저곳. ㅇ 주말에 친구들을 만나기로 하였습니다. 어떤 장소가 좋을까요? 　- 학교 앞 떡볶이집입니다. 도서관입니다. 군청 앞입니다. ◉ 학습문제 파악하기 　**약속 장소로 알맞은 곳은 어디일까?**	재 마을의 이곳저곳을 찍은 사진
전개 (30')	활동1 활동2 활동3	◉ <활동1> 채린이네 고장의 그림지도 살피기 ㅇ 채린이와 친구들이 살고 있는 고장의 그림지도를 살펴볼까요? 어디에서 만나는 것이 좋을까요? 　- ○○에서 만나면 좋겠습니다. 왜냐하면 ㅇ 채린이와 친구들은 어디에서 만나고 싶어 하나요? 　- 민서 집 앞 놀이터, 윤석이네 집 앞 은행나무, 분식집입니다. ◉ <활동2> 친구들이 만날 장소 토론하기 ㅇ 채린이 친구들은 아직 약속 장소를 정하지 못하였습니다. 토론 활동으로 약속 장소로 가장 좋은 곳이 어디인지 정해 봅시다. 　[논제: 친구들과의 약속 장소를 어디로 정하면 좋을까?] ㅇ 채린이 친구들이 생각한 세 곳의 좋은 점과 나쁜 점을 적어볼까요? ㅇ 각 장소의 좋은 점을 모둠에서 돌아가며 이야기를 나누어 볼까요? ㅇ 각 장소의 나쁜 점을 모둠에서 돌아가며 이야기를 나누어 봅시다. ㅇ 친구들과 이야기 나누었던 좋은 점과 나쁜 점을 고려하여 약속 장소로 가장 좋은 장소를 선택하여 봅시다. ㅇ 모둠별로 토론 결과를 발표해 볼까요? ◉ <활동3> 일반화하기 ㅇ 토론 결과 모둠이 정한 결과의 공통점을 찾아볼까요? 　- 이동이 편리하고, 놀 거리가 있는 장소가 약속 장소로 편리합니다.	재 붙임쪽지, 토론 학습지 유 좋은 점은 파란색 붙임 쪽지에, 나쁜 점은 빨간색 붙임 딱지에 적는다. 유 모둠별로 토론 학습지에 붙여가며 토론한다.
정리 (3')	학습 내용 정리	◉ 학습내용 정리하기 ㅇ 사람들은 편리하게 갈 수 있는 곳에 모이고, 이곳을 (중심지)라고 합니다.	

❖ PMI와 비슷하지만, 게임의 요소가 강한 두 마음 토론(천사와 악마 토론) 기법

으로 토의 토론의 재미를 배가시킬 수 있습니다. 의사결정을 해야 하는

중립자를 천사와 악마가 자신의 생각대로 설득을 합니다. 바람꾼은 중

립자가 의사결정을 할 때마다 바람만 놓습니다.(예시는 4명 기준이지만, 2명씩 짝

지어 8명으로도 가능합니다.)

<토론 주제: 오늘 방과후학교 갈까 말까?>

악마: 야! 오늘 힘들어! 방과후학교 가지 말고
친구들이랑 학교 앞에서 떡볶이 사 먹고
놀자! 오늘 하루쯤 빠지는 것 어때?

바람꾼: 그래~그래~ 엄마 아빠한테 잔소리 한번
들으면 그만이지, 안 그래?

천사: 아니야! 방과후학교 선생님이 나를 얼마
나 기다리시겠어? 엄마 아빠는 우리가 방과후학교에서 열심히 공부하시
는 것으로 아실거야! 학교 밖은 위험해!

바람꾼: 그래~ 그래~ 하루하루가 모여서 인생이 되는데 오늘 하루를 보람 있게
보내야지!

중립자: 그래, 결심했어! 나는 오늘 방과후학교에 (   ) 거야! 왜냐하면 ~하기 때문
이지. 예를 들면 ~하잖아? 그래서 나는 오늘 방과후학교를 (   ) 할 거야!

❖ 공개 수업 후 PMI 기법으로 수업 나눔 하기

선생님의 공개 수업에 대하여 평가하고, 비판하는 기존의 수업 협의회

가 선생님을 지원하고, 학생의 성장을 촉진하는 계기가 되어야 한다는 관점으로 변화하였습니다. 전라남도교육청은 배움의 공동체에서 개발한 "이해-격려-직면-도전"의 '수업에 꽃 달아주기' 수업 나눔 방식을 권장하고 있습니다.

하지만 '수업에 꽃 달아주기'는 수업자와 참관자와의 관계가 '수업 친구'가 되어 수업자의 고민에 대해 공감하고 지지해 주는 것이 선행되어야만 합니다. 그렇지 못한 경우, 수업 친구가 아닌 선생님에 대해서는 공감을 이끌어 내지 못하거나 지지를 받지 못할 수도 있습니다. 그래서 PMI 기법을 활용한 질문 기반의 수업 나눔을 소개해 드립니다.

① 수업 일주일 전, '사전 수업 협의회'를 실시합니다. 기존 수업자-연구부장-교감-교장의 결재 라인에 따라 수업 설계가 결정되어지는 것에서 벗어나 사전 수업 협의회 참관자 모두가 수업자의 수업 설계에 대해 고민하고 나누고 피드백 합니다.

③ 수업 참관은 학생의 성취기준 도달과 변화에 초점을 맞춰 참관합니다.

④ 수업을 참관하며 질문 기반의 참관록을 작성합니다.

⑤ 수업 나눔은 수업자 소감 듣기 - 칭찬 샤워(P) - 수업 질문(M,I) - 수업 나눔 소감의 순으로 진행합니다.

⑥ 칭찬 샤워는 PMI 기법의 'P'로써 수업의 잘된 점을 칭찬하고, 수업 질문을 통해 수업에서 아쉬웠던 점(M)이나, 좋은 대안(I)을 나눕니다.

수업 관찰(나눔) 일지

● 수업 일시	● 과목	● 대상 학년 및 학급
● 학습 단원 및 주제	● 수업자	● 참관자

● **수업 관찰 내용** (수업 진행에 따른 사실 중심 관찰 내용)

● **수업 분석 및 수업 관찰 소감**

- 학습 목표 도달 여부

  (교사의 수업 의도와 목적이 잘 드러나는 장면은?/수업자의 의도와 다르게 흘러간 수업 장면은?)

- 학습자 분석 및 학생의 배움 상태

  (학생들의 배움이 가장 크게 일어난 지점은?/학생들의 배움이 더 크게 만들어지지 못했다고 보이는 지점은?)

- 교사와 학생과의 관계, 학생 상호 간의 관계

- 수업 관찰 소감 및 기타

● **수업 나눔 질문 만들기**

  1.

  2.

● **수업 나눔 소감** (참관 수업의 소감이 아니라 나의 수업을 바라보며)

회전목마
토론

예전에 아이를 학교에 보낼 때 집에서 부모님들이 주로 하시는 말씀이 "오늘 선생님 말씀 잘 듣고, 친구들이랑 사이좋게 지내고 오거라!"라고 말했다면, 요즘에는 "오늘 학교에 가면 꼭 발표 한 번은 하고, 괴롭히는 아이 있으면 꼭 선생님께 말해!"로 바뀌었다고 어느 연수에서 들은 적이 있습니다.

학교폭력이 사회 문제로 대두됨에 따라 그럴 수도 있겠다는 생각이 들지만, 고학년이 될수록 발표하는 횟수는 줄어들고 학생들 간의 사소한 다툼도 학교폭력대책 자치위원회에서 해결하려 했던 장면은 부모님들의 생각과 바람이 학교 현실과 많이 동떨어져 있다는 생각이 들게 만들었습니다.

또한 학생들을 가르치면서 내성적인 아이들을 억지로 발표시켰을 때, 아이가 받는 학업 스트레스와 발표의 교육적 효과 중 어느 것이 더 우선일까 하는 의문이 종종 들었습니다. 그 결과 '여러 사람 앞에서 말하는 발표가 중요한 것이 아니라, 옆자리에 앉아 있는 짝이나 모둠 친구들에게 자신의 생각을 효과적으로 전달하는 능력이 더 중요한 것이다'라는 명쾌한 결론을 얻게 되었습니다. 그 결과를 얻게 된 토이토론 기법이 바로 '회전목마 토론'이었습니다.

이렇게 활동해요

▧ **교사 준비물**: 없음

▧ **학생 준비물**: 논제에 대한 근거자료, 4단 논법으로 정리된 각자의 생각

① 논제에 대한 자신의 의견을 찬성과 반대의 4단 논법으로 정리하고, 상대 예상 질문을 생각해 오게 합니다.(수업 전 논제를 미리 안내하고, 과제물로 해오는 것을 추천해 드립니다.)

② 책상과 의자를 동그랗게 배치하고, 안쪽을 찬성, 바깥쪽을 반대편으로 정하여 자리 배치를 합니다. 짝 수가 맞지 않으면 선생님이 토론에 참여하면 됩니다.

③ 먼저, 안쪽의 찬성 측이 반대 측을 향해 1분간 주장을 합니다. 이때 바깥쪽의 반대 측은 찬성 측의 의견을 메모하며 듣습니다.

④ 반대 측이 찬성 측에 앉아 있는 학생들에게 1분간 질문과 반론을 합니다. 이때 찬성 측은 답변만 할 수 있습니다. 찬성 측은 반대 측의 질문을 메모합니다.

⑤ 이번에는 반대로 반대 측이 찬성 측에 앉아 있는 학생들에게 1분간 주장을 합니다.

⑥ 찬성 측이 1분간 질문과 반론을 하는데, 마찬가지로 반대 측은 답변만 할 수 있습니다.

⑦ 한쪽 원 자리는 그대로 두고, 다른 원 자리를 한두 칸 옮겨 다음 토론을 합니다. 이때 이전 학생과 토론했던 것을 정리하고, 다음 토론을 준비하는 시간을 1분 정도 주는 것이 좋습니다.

⑧ 2차- 앞선 토론 때 받은 질문과 반론을 반영하여 자신의 주장과 근거, 예시를 보충하고, 찬성과 반대의 입장을 서로 바꾸어 토론을 합니다.

⑨ 반대의 입장에서 모두 토론을 해본 후, 논제에 대한 자신의 생각을 최종 정리합니다.

단원	2. 도란도란 봄 동산	주제(제재)	나무를 아끼고 사랑하는 마음 다지기	차시	27/40
학습 목표	나무의 소중함을 알고, 나무를 아끼고 사랑하는 실천 태도를 가질 수 있다.				

과정(시간)	학습요소	교수·학습 활동	자료(㉮) 및 유의점(㉴)
문제 확인하기 (5′)	문제 상황 확인하기	◉ 문제 상황 확인하기 ㅇ '아낌없이 주는 나무'의 내용 파악하기 　- 그림을 보며 설명하기 ㅇ 아낌없이 주는 나무'에서의 문제 상황 찾기 　- 예습적 과제에서 문제 상황 찾고 말하기	㉮ 예습적 과제 ㉴ 그림을 보며 내용을 설명할 수 있게 한다.
	학습 문제 알아보기	◉ 학습문제 알아보기 **나무를 어떻게 아끼고 사랑할 수 있을까?**	㉴ 이끎 질문(쉬우르)으로 학습문제를 도출해 낸다.
	학습 순서 알아보기	◉ 학습순서 알아보기 [활동1] 질문 만들기 [활동2] 질문 나누기 [활동3] 생각 넓히기	㉴ 학습 흐름에 맞게 자연스럽게 학습 순서를 안내한다.
문제 해결 방법 찾기 (35′)	질문 만들기 (개별 활동)	◉ <활동1> 질문 만들기 ㅇ 아낌없이 주는 나무에 대해 질문 만들기 　- '왜', '어떻게', '만약에' 단어를 갖고 질문 만들기	독 하브루타 ㉴ 자유로운 질문이 나올 수 있도록 허용적인 분위기를 만든다.
	질문 나누기 (짝 토론) 디딤 질문 (회전짝 토론) 발표 (전체 공유)	◉<활동2> 질문 나누기 ㅇ 친구들이 만들 질문에 대해 짝 토론하기 　- 어깨짝, 앞뒤짝, 대각짝 끼리 친구들의 질문으로 짝 　 토론하기 ㅇ '아낌없이 주는 나무'에서 소년에게 필요한 가치 덕목은? 　- 여러 가지 가치 덕목 중 하나를 선택하여 회전짝 　 토론하기 ㅇ '아낌없이 주는 나무'에서 소년에게 어떤 덕목이 전체 공유 　- 짝의 의견을 근거를 들어 전체 발표하기	인 소통 ㉮ 가치 덕목 카드 ㉴ 자신의 생각이 아니라 짝의 생각을 발표한다.
	이끎 질문 (쉬우르)	◉<활동3> 생각 넓히기 ㅇ 우리는 나무를 어떻게 아끼고 사랑할 수 있을까? 　- 종이를 낭비하지 않습니다./재활용 종이를 　 정리합니다./책상과 연필, 화장지를 소중히 　 사용합니다. 등	인 배려
정리 (5′)	학습 정리하기	◉ 바른 행동 다짐하기하기 ㅇ 나무를 아끼고 사랑하기 위한 마음을 다짐하고 약속하기 　- 저는 나무를 아끼고 사랑하기 위해 ~ 하겠습니다.	㉴ 자신의 다짐을 공언하도록 한다. 인 책임

❖ 회전목마가 돌아가는 방향을 아이들이 잘 몰라요.

아이들에게 오른손을 들게 합니다. 그리고 손을 든 방향으로 한 칸씩 이동하게 합니다. 그럼 안쪽에 앉아 있는 친구와 바깥쪽에 앉아 있는 친구들이 톱니바퀴처럼 만날 수가 있습니다.

❖ 꼭 한 칸씩 돌아가야 하나요?

회전을 할 때 꼭 한 칸씩 자리를 옮겨야 하는 것은 아닙니다. 학생 수나 논제에 따라서 2칸씩 옮길 수도 있습니다. 2 가고 2 남기 토론처럼 짝과의 토론이 아니라 모둠끼리 토론을 할 수도 있습니다. 활동을 할 때는 상황에 따라서 옮겨지는 학생의 수가 달라질 수도 있습니다.

❖ 좀 더 자유롭게 돌아다니며 임의 짝 활동하기

교실을 자유롭게 돌아다니며 임의 짝 활동을 하는 것입니다. 하이파이브, 안녕 인사, 주먹 인사 등을 하며 만나는 친구들과 자유롭게 활동을 합니다. 처음 만난 친구와 활동이 끝나면 자리를 옮겨 다른 친구와 만남 활동을 이어갑니다.

- 어깨 짝 활동: 자신의 옆에 앉아 있는 친구와 하는 활동
- 앞뒤 짝 활동: 자신의 앞뒤에 앉아 있는 친구와 하는 활동
- 대각 짝 활동: 자신의 대각선 방향에 앉아 있는 친구와 하는 활동
- 임의 짝 활동: 순서와 관계없이 만나는 친구와 하는 활동

❖ 선생님과 함께하는 물레방아

선생님이 의자에 앉아서 물레방아 토론을 함께할 수도 있습니다. 선생

님 앞자리에 오면 자신의 의견을 말하게 하는 것이 아니라 선생님이 묻는 질문에 답변하도록 합니다. 선생님의 질문은 학생의 의견과 근거를 확인하고 보충해 주는 역할을 합니다. 또한 토론 과정에서 의견을 바꾸게 된 이유를 질문하거나 부족한 부분을 질문하여 학생의 의견을 다듬어주고 발전시킬 수 있도록 합니다.

대립(디베이트)
토론

    대립토론 수업은 이 책에서 여섯 번째 순서로 소개하지만, 처음 토의토론 수업을 시작하시는 선생님은 4단 논법을 가르치고 나서 바로 대립(디베이트) 토론 지도를 시작하는 것을 추천합니다. 왜냐하면 대립토론을 가르치다 보면 아이들은 토론에 이기기 위해 열정을 다해 자료조사와 수업 준비를 하고, 사뭇 진지한 자세로 수업에 참여하는 것을 관찰할 수 있었기 때문입니다. 그렇게 되면 선생님도 자연스럽게 토론 수업에 관심을 갖게 되고, 다른 토의토론 수업도 연구하기 시작합니다.

대립(디베이트) 토론을 할 때는 때론 아이들이 승부에 너무 집착해 감정이 상하는 경우가 생기기도 합니다. 대립(디베이트) 토론은 결국 교육적 목적이어야 하기에 상대방에 대한 일방적인 설득이 아니라 이해를 전제로 경청과 표현이 이루어져야 합니다.

이렇게 활동해요

▨ **교사 준비물**: 대화·공감, 학급 문제와 관련된 교과서 또는 자료(재구성 차시)
▨ **학생 준비물**: 교과서 또는 읽기 자료, 질문 노트

<찬반 토론의 서식은 2015년 전라남도교육연구정보원에서 발간한 현직 연구원 개발 자료를 수정하였습니다.>

1 찬반 토론 계획서 (A4용지)

토론 준비표

5학년 1반 이름:

논 제			
자신의 주장			
근거(이유) ① ②		예상 질문 ① ②	예상 반론 ① ②
설명(예를 들면) ① ②		③	③
상대의 주장			

예상되는 근거	예상 근거의 문제점
①	①
②	②
③	③

최종 변론	① 우리들의 주장과 근거(~은 ~옳습니다. 왜냐하면) ② 상대방의 주장과 근거 반박(상대측에서는 ~라고 하셨지만 ~문제점이 있습니다) ③ 우리들의 주장과 근거를 보충하는 설명(더욱이 ~ 한다면 ~은 옳다고 생각합니다.) ④ 정리

② 찬반 토론 시나리오

<논제와 절차 설명>

지금부터 (　　　)라는 논제로 찬반 토론을 시작하겠습니다. 진행 순서는 입론과 반론, 최종 변론 그리고 판정하기 순이며 입론과 반론, 최종 변론 사이에 각각 작전타임이 2분이 주어지겠으며 반론 및 질의응답은 6분으로 시간 제한합니다. 사회자의 안내에 따라 주장에 대한 근거를 잘 들어가며 발표해 주시기 바랍니다.

<입론: 주장 펼치기>

먼저 찬성 토론자의 입론을 듣겠습니다. 앞에 앉아있는 친구부터 차례대로 발표하도록 하겠습니다. 반대 토론자는 찬성 토론자의 주장에 대한 근거를 잘 듣고 요약하여 반론 카드에 메모해 주시기 바랍니다. 그럼, 찬성 토론자 시작해 주세요.(찬성 측이 끝나면 사회자는 찬성 토론자의 주장을 간단히 요약하여 말해 준다.)
이어서 반대 토론자는 입론을 말씀해 주십시오. 역시 찬성 토론자는 반론 카드에 상대팀의 근거를 요약정리하면서 듣기 바랍니다. 시작해 주세요.(반대 토론자 입론이 끝나면 사회자는 반대 토론자의 주장을 간단히 요약하여 말해 준다.)

<작전타임: 반론 협의>

이제 2분간 협의 시간을 갖겠습니다. 팀별로 반론을 준비해 주시기 바랍니다.

<반론 펴기>
자, 그럼 상대 측의 입론을 듣고 오류나 의문점, 불합리한 점을 지적하고 질문하는 시간입니다. 시간은 팀당 3분을 주겠습니다. 반대 팀부터 시작해 주세요. 반대 팀 수고하셨습니다. 이번에는 찬성 팀에서 반대 팀에게 질문 및 반박해 주시기 바랍니다. 역시 시간은 3분입니다.

<작전타임: 반론 꺾기 협의>
반론을 꺾기 위한 협의를 2분간 갖겠습니다. 상대방의 반론을 꺾기 위한 협의를 해 주시기 바랍니다.

<반론 펴기 및 꺾기>
자, 그럼 상대 측의 반론을 듣고 오류나 의문점, 불합리한 점을 지적하고 질문하는 시간입니다. 시간은 팀당 3분을 주겠습니다. 반대 팀부터 시작해 주세요. 반대 팀 수고하셨습니다. 이번에는 찬성 팀에서 반대 팀에게 질문 및 반박해 주시기 바랍니다. 역시 시간은 3분입니다.

<작전타임: 최종변론 협의>
최종 변론을 위한 협의를 2분 동안 갖겠습니다. 반론을 통해 검증된 사실을 참작하여 입론을 재구성해 주시기 바랍니다.

<최종 변론: 주장 다지기>
먼저 반대 팀의 최종 변론을 듣겠습니다. (반대 팀 학생 발표).
수고하셨습니다. 그럼 찬성 측의 최종 변론을 듣겠습니다.(찬성 팀 학생 발표)

<판정하기>
판정단 대표가 토론의 과정과 결론에 대해 논평과 함께 판정해 주겠습니다.

③ 판정단 대표 시나리오

오늘 (   )라는 논제로 찬성 측과 반대 측 모두 열심히 해 주었습니다.

입론에서는 ○○측의 논리가 돋보였고,

반론 펴기에서는 ○○측의 자료 준비, 근거를 들어가며 설득력 있게 주장한 점이 인상 깊었으며,

상대 측의 오류를 정확하게 포착해서 지적하며 자신들 주장의 타당성을 입증한 점에서 ○○측이 우세하였습니다.

최종 변론에서는 주장의 재구성 능력이 뛰어난 ○○측이 우세하였습니다.

이긴 팀에게는 축하의 박수를, 진 팀에게는 격려의 박수를 보내주시기 바랍니다.

④ 찬반 토론 활동지

논 제		
구분	찬성 팀(그렇다)	반대 팀(그렇지 않다)
입론 의문 나는 점 메모		
반론 작전회의 (2분)		
답변 및 반박 (3분)		
반론 꺾기 작전회의 (2분)		
답변 및 반박 (3분)		

최종변론 작전회의3 (2분)		
최종 변론 (1분)		

5 찬반 토론 판정표

독서토론 판정표

(판정은 1, 2, 3점 중에서 해당 점수에 ○표합니다.)

- 논제와 관련한 다른 역사적인 문제를 예를 들어 설명하였을 경우, 3점
- 논제와 관련한 시사 문제를 예를 들어 설명하였을 경우, 2점
- 논제와 관련한 실생활 문제를 예를 들어 설명하였을 경우, 1점
- 예를 들어 설명하지 못했을 경우, 0점

논제:

	입론	반론 펴기	반론 꺾기	최종변론
찬성	1 2 3	1 2 3	1 2 3	
	1 2 3	1 2 3	1 2 3	1 2 3
	1 2 3	1 2 3	1 2 3	
반대	1 2 3	1 2 3	1 2 3	
	1 2 3	1 2 3	1 2 3	1 2 3
	1 2 3	1 2 3	1 2 3	
판정 결과	찬성 / 반대 ※ 승리에 ○	찬성 / 반대 ※ 승리에 ○	찬성 / 반대 ※ 승리에 ○	찬성 / 반대 ※ 승리에 ○

판정 합계

(판정단 대표가 작성합니다)
- 판정단 대표는 남, 여 각 1명씩 돌아가며 합니다.
- 판정 결과 승리한 수가 많은 곳에 ○표 합니다.

	입론	반론 펴기	반론 꺾기	최종변론
판정 합계	찬성	찬성	찬성	찬성
	반대	반대	반대	반대

이렇게 활동했어요

단원	7. 인물의 삶 속으로	주제(제재)	인물이 추구하는 삶에 대해 독서·토론하기	차시	7/7
학습 목표	• 인물이 처한 환경에서 인물의 삶을 이해하고, 추구하는 삶에 대하여 독서·토론을 할 수 있다.				

과정(시간)	학습요소	교수·학습 활동	자료(짜) 및 유의점(유)
토의·토론 준비하기2 (10')	인물이 추구하는 삶 알아보기	⊙ <활동1> 인물이 추구하는 삶 알아보기. ○ 이 시간에는 '늦달이 아저씨의 삶의 방식은 바람직하다'라는 논제로 토론해 보겠습니다. 먼저 찬성과 반대 입장에서 주장할 수 있는 근거에 대해 짝과 함께 토의해 봅시다. - (객관적인 입장에서 찬성과 반대 의견에 대한 근거를 이야기한다.)	짜 붙임쪽지, 모둠 바구니 유 자신의 생각과 이유를 미리 생각해 오도록 해서 본시에는 활발히 활동할 수 있도록 지도한다. 유 **객**관적인 입장에서 정리한다. 짜 모둠 활동판 [존중], [배려] 유 비슷한 것이 있으면 그 의견 옆에, 없으면 아래에 붙임쪽지를 붙여 자연스럽게 분류될 수 있게 한다.

찬 성	반 대
1. 다른 사람들에게 많은 관심을 가지고, 친절하게 대하기 때문에 원만한 인간관계를 형성할 수 있다.	1. 직장에서는 자신의 일에 최선을 다하지 않기 때문에 무능력하다는 평가를 받을 수 있다.
1. 음식을 주문한 사람에게 꽃을 선물할 정도로 삶의 여유를 갖고 있어서 현재의 삶에 만족감을 느끼며 살아갈 수 있다.	1. 고향에 아들을 두고 멀리 우리나라까지 와서 일을 해야 하는 아버지의 입장에서는 무책임한 생활 태도이다.
1. 다른 사람과의 관계, 마음의 여유 등, 삶의 다양한 가치를 두루 중시하기 때문에 자신의 삶을 되돌아보며 반성할 수 있다.	1. 모든 것이 빠르게 변하는 정보사회에서는 맞지 않는 태도이다.

과정(시간)	학습요소	교수·학습 활동	자료(재) 및 유의점(유)
토의·토론 하기 (25')	토론하기	◉ <활동1> 질문하며 토론하기 ㅇ 이제 손을 들어 자신의 입장을 표현해 봅시다. 　- (찬성과 반대 입장에서 손을 들어 입장을 표현한다.) ㅇ 두 입장의 수가 비슷하므로 이대로 토론하겠습니다. 　- (학생들의 오른쪽에는 찬성 팀이, 왼쪽에는 반대 팀이 앉는다.) ㅇ 먼저 활동지에 상대팀에게 질문하고 싶은 내용을 1~2가지 정도 적어봅시다. 　- 찬성과 반대 입장의 근거를 바탕으로 상대팀에게 반박할 수 있는 질문을 적는다. ㅇ 적은 내용을 바탕으로 같은 입장을 가진 친구들끼리 모여 토론해 보겠습니다. ㅇ 반대 팀 찬성 팀 순서로 반박 및 질문하겠습니다. 　반대 팀: 찬성 팀에서는 늦달이 아저씨가 현재의 삶에 만족하며 여유 있는 삶을 살 수 있다고 했는데, 직장 내에서는 무능력하다는 평가를 받을 수 있고, 이로 인해 직장을 잃을 수도 있다고 생각합니다. 이에 대해 어떻게 생각하시나요? 　찬성 팀: 고향에 아들을 두고 온 아버지의 입장에서는 무책임한 태도라고 하였는데 돈을 적게 번다고 해서 가장으로서의 역할을 못하는 것은 아니라고 생각합니다. 오히려 가족과 연락도 자주 하고, 대화도 많이 하는 늦달이 아저씨의 모습을 가족들은 더 좋아할 것이라 생각합니다. 이에 대해 어떻게 생각하시나요? ㅇ 작전 타임입니다.(2분) ㅇ 찬성 팀 반대 팀 순서로 답변하겠습니다. 　찬성 팀: 반대 팀의 의견도 일부분 인정합니다. 그러나 음식 배달을 조금 늦게 했다고 해도 그것이 직장을 잃을 정도로 큰 잘못은 아니라고 생각합니다. 또한 이야기의 내용에서처럼 다른 사람들에게 친절하고 삶에 여유를 갖는 모습을 좋아하는 사람들도 있기 때문에 그 부분에서는 인정을 받을 수 있을 것입니다. 　반대 팀: 찬성 팀의 의견도 일부분 인정합니다. 하지만 돈을 벌기 위해 다른 나라까지 와서 생활하는 상황에서는 가족들을 위해서라도 자신의 일에 최선을 다해야 한다고 생각합니다. ㅇ 반대 팀 찬성 팀 순서로 반박 및 질문하겠습니다. 　반대 팀: 늦달이 아저씨처럼 일 처리 속도가 늦으면 자신의 분야에서 성공하기 어렵다고 생각합니다. 이 점에 대해 어떻게 생각하십니까? 　찬성 팀: 모든 것이 빠르게 변하는 정보사회에서는 늦달이 아저씨의 여유 있는 삶의 태도가 바람직하지 않다고 하였는데 인간관계와 정, 여유 있는 마음 등 다양한 가치를 고루 중시함으로써 반성적인 태도와 창의적인 사고력도 키울 수 있다고 생각합니다. 이 부분에 대해 어떻게 생각하시나요?	(유) 찬성과 반대 입장을 나누어 앉은 후 질문을 적는다.

과정(시간)	학습요소	교수·학습 활동	자료(짜) 및 유의점(윷)
토의·토론 하기 (25')	토론하기	○ 작전 타임입니다.(2분) ○ 찬성 팀 반대 팀 순서로 답변하겠습니다. 　찬성 팀: 늦달이 아저씨의 장점을 잘 살린 분야를 찾아서 노력 　한다면 분명히 성공할 수 있다고 생각합니다. 　반대 팀: 찬성 팀의 의견도 인정합니다. 그러나 정보사회에서 　는 정보를 빨리 수용하고 대처하는 능력이 우선적으로 필요 　하다고 생각합니다. 이러한 점에서 일의 처리 속도가 늦은 늦 　다리 아저씨의 태도는 바람직하지 않다고 생각합니다. ○ 최종 의견을 정리할 작전 타임입니다.	
정리 평가하기 (5')	정리하기	◉ 토론 결과 정리 　○ 토론 결과와 관계없이 상대팀이 잘 한 점을 칭찬해 봅시다. 　○ 오늘 토론학습 후 자신의 생각이 처음과 달라진 사람은 없나 　요? 있다면 소감을 들어 보겠습니다. 　- 최종 입장이 바뀐 학생의 소감 경청 　○ 토론을 통해 인물의 삶에 대해 생각해 보았는데 느낀 점은 무 　엇인가요? 　- 다양한 삶의 모습을 이해할 수 있었습니다.	[정직] 윷 자신의 생각이 처음과 다를 수 있음을 인정할 수 있도록 한다.

이럴 때는 이렇게

❖ 아이들이 토론을 어려워합니다.

4단 논법으로 시작합니다. 생각을 글로 써서 토론 수업에 참여하게 하면 아이들이 훨씬 자신 있게 토론에 참여합니다. 역사 토론의 경우 일주일 전에 토론 주제를 예고하고 토론 준비 표를 나누어 줍니다. 미니 토론의 경우에도 붙임쪽지에 자신의 생각을 4단 논법으로 정리하여 미리 준비하게 합니다.

❖ 찬성과 반대의 편으로 나누기 어렵습니다.

사전 준비 과제를 제시할 때, 찬성 측 입장과 반대 측 입장 모두 정리해 오도록 합니다. 학생들에게는 찬성과 반대 양측이 균형 있는 시각과 유연한 사고를, 선생님께는 원만한 수업 흐름에 도움이 됩니다.

❖ 토론 시간이 오래 걸립니다.

아이들이 토론 수업에 빠져들면 토론 수업이 길어질 수밖에 없습니다. 동료 교사나 학부모 공개 수업일 경우 재미있는 대립(디베이트) 토론을 을 보게 되면 참관자들도 빠져 듭니다.

❖ 어떻게 하면 아이들이 토론 수업에 빠져들게 할까요?

사진, 통계, 영상 자료를 준비하여 반박할 때 증거자료로 사용하게 합니다.

❖ 대립(디베이트) 토론에서 선생님의 역할은

아이들이 대립(디베이트) 토론을 많이 하다 보면 선생님의 역할이 줄어듭니다. 토론 진행, 판정 등을 아이들 스스로 하기 때문입니다. 선생님은 사전 과제와 자료를 점검해 주고, 토론이 끝나고 나면 서로 흥분해 있을 아이들의 마음을 쓰다듬어 줍니다.

이런 방법도 있어요

❖ 대립토론의 문제점을 보완하는 토론

대립토론은 공부를 잘하는 아이 중심의 수업이 될 확률이 높습니다. 이를 해결하기 위해 지지단 토론 시간을 따로 마련하는 것이 좋습니다.

대립토론은 부정적인 듣기가 될 확률이 높습니다. 상대방의 말을 들을 때 이를 이해하고 수긍하기보다는 문제점을 발견하여 반박하기 때문입니다. 이를 해결하기 위해 토론이 끝나고 나면 힐링 시간을 마련합니다. 상대방에게 잘못한 일을 반성하게 하고 상대방을 칭찬할 수 있도록 합니다.

신호등
토론

신호등 토론은 특정한 토론 주제에 대해 토론 시작 전, 학생들의 의견을 미리 간단하게 알아보는 과정을 가집니다. 학생들은 토론 시작 전에 빨강, 노랑, 초록색 신호 카드(긍정/중도/부정)를 통해 자신의 의견을 비교적 부담 없이 표현해 볼 수 있으며, 교사의 입장에서는 토론 참가자들의 전체적인 분위기를 미리 파악해 볼 수 있습니다. 또한 토론의 논제 그 자체의 적절성에 관해서도 신호등 표지판을 통해 의견을 피력해 볼 수 있습니다.

<신호등 토론 방법 1>

신호등 토론을 할 때, 사전 논제에 대한 사전 조사를 진행하지 않고 논제에 대한 자신의 직관적인 판단만을 바탕으로 의견을 정해 진행하는 방법이 있습니다. 이 방법으로 토론을 진행할 경우, 학생들의 의견이 확고하게 정해지지 않아 논제를 비교적 다양한 관점에서 유연하게 바라볼 수 있다는 장점이 있습니다.

① 학생들은 논제를 보고 5분가량 자신의 의견과 그것에 대한 근거를 간단하게 정리합니다.
② 자신이 정한 의견에 맞는 신호등 표지판을 들게 합니다.

　(초록 : 긍정 / 노랑 : 중도 및 모르겠음 / 빨강 : 반대)

　- 신호등 표지판은 색도화지 위에 CD 같은 동그란 물건을 대고 동그랗게 본을 떠서 오린 후에, 오린 색도화지에 나무젓가락을 붙여 간편하게 들 수 있도록 만듭니다.
　- 신호등 표지판을 따로 만들기 어렵거나 번거로울 경우, 종이컵에 연필을 넣으면 빨강, 볼펜을 넣으면 초록, 어느 것도 넣지 않으면 노랑을 대신하는 등 준비물을 간소화해서 진행할 수 있습니다.
③ 같은 의견을 가진 학생들끼리 모여서 자신들의 의견에 대한 근거를 모아 정리하게 합니다. 학생들이 의견에 대한 근거를 포스트잇이나 쪽지에 간단하게 적은 후, 모아서 준비할 수 있도록 하면 좋습니다.
④ 모둠 토론의 경우, 서로 다른 의견을 가진 모임에 돌아가면서 의견에 대

한 근거를 설명하고, 자기 그룹의 의견을 옹호하는 근거 제시하게 합니다. 이때 모둠에서 한 명씩 대표로 나와 먼저 모둠의 의견에 대한 근거를 한 가지씩 말합니다. 다른 의견을 지지한 모둠과 반박하는 질문을 주고받을 때에는 처음에 발표를 한 학생이 아닌 다른 학생으로 대체해 적어도 한 번씩 발언할 수 있도록 합니다.

전체 토론의 경우, 각 의견을 선택한 그룹에서 한 번에 한 명씩 돌아가면서 손을 들고 발표하는 방식으로 토론을 진행합니다.

⑤ 학생들은 모둠 토론(또는 전체토론) 후, 자신이 지지하던 의견에 변동이 생기는 경우에는 색을 바꿔 표현하도록 합니다. 이때, 학생들이 의견을 바꾸는 것에 자존심 상해하거나 비겁한 일로 인식되지 않도록 합니다. 생각을 유연하게 바꾸는 연습 과정으로 인지할 수 있도록 지도합니다.

<신호등 토론 방법 2>

신호등 토론의 장점은 자신의 주장을 토론 도중에 바꿀 수 있다는 것입니다. 실제 학생들과 신호등 토론을 하다 보면 찬성이었는데 반대로 돌아서거나, 반대였었는데 찬성으로 돌아서는 학생은 거의 없었습니다. 어른들도 중간에 자신의 주장을 바꾸는 것이 쉽지 않은데 학생들 역시 마찬가지였습니다. 그래서 신호등 토론을 전문가 집단 토론에 접목시켜 진행하는 방법으로 바꾸어 진행해 보았습니다. 각 의견을 대표하는 전문가 집단을 담당하는 학생이 책임감을 가지고 의견을 뒷받침하는 근거들을 조사합니다. 나머지 학생들은 판정단으로서 해당 의견에 대한 타당하고 체계적인 근거들을 직접 들은 후에 판단할 수 있다는 장점이 있습니다.

① 논제를 미리 정하고, 논제에 대한 찬성/반대 의견을 각각 지지하는 전문가 집단의 학생들을 정합니다.

② 각 의견을 지지하는 전문가들은 자신이 맡은 의견에 대한 근거들을 조사하여 토론을 준비합니다.

③ 수업 시간에 준비해 놓은 근거들을 바탕으로 전문가 집단이 패널토론을 진행합니다. 이때, 전문가 집단이 아닌 다른 학생들은 판정단이 되어 전문가 집단의 토론의 과정을 지켜보고 자신이 어떤 의견을 지지할 것인지 생각하도록 합니다.

④ 전문가 집단의 토론을 들은 후, 판정단에 있는 학생들은 자신의 최종적인 의견을 신호등 표지판으로 나타내도록 합니다.

이렇게 활동했어요

단원	3. 서로 다른 의견	주제(제재)	글쓴이의 의견에 대한 내 의견 제시하기	차시	4/6
학습 목표	글쓴이의 의견에 대한 나의 의견을 제시할 수 있다.				

과정(시간)	학습요소	교수·학습 활동	자료(재) 및 유의점(유)
문제 확인하기 (5′)	문제 상황 확인하기	⊙ 문제 상황 파악하기. ○ '상수리 마을에 생긴 일'의 내용 파악하기 ○ '상수리 마을에 생긴 일'의 내용을 친구들에게 소개해 볼까요?	유 예습적 과제로 글을 미리 읽어 온다
	학습 문제 알아보기	⊙ 학습문제 알아보기 **글쓴이의 의견과 내 의견을 비교해 보자.**	
문제 해결 방법 찾기 (35′)	질문 만들기 (개별 활동)	⊙ <활동1> 질문 만들기 ○ '상수리 마을에 생긴 일'에 대해 질문 만들기 - 'what', 'how', 'if' 단어를 갖고 질문 만들기 ⊙ <활동2> 질문 나누기 ○ 친구들이 만들 질문에 대해 짝 토론하기 - 어깨짝, 앞뒤짝, 대각짝 끼리 친구들의 질문으로 짝 토론하기	유 자유로운 질문이 나올 수 있도록 허용적인 분위기를 만든다. 인 소통
과정(시간)	학습요소	교수·학습 활동	자료(재) 및 유의점(유)

문제 해결 방법 찾기 (35′)	신호등 토론	○ 효은이와 도청 아저씨의 의견 중 적절하다고 생각하는 　의견에 따라 신호등 카드로 표현해 볼까요? 　- 개인별 신호등 카드로 의사 표현하기 ○ 자신이 선택한 의견에 대해 적절한 까닭을 더 보충하여 　붙임쪽지에 적어 봅시다. ○ 모둠별로 돌아가며 자신의 생각을 나누어 볼까요? 　**1. 글쓴이의 의견에 대한 나의 의견과 까닭을 말한다.** 　**2. 모둠원의 의견을 다 듣고 붙임 딱지를 활동지에 붙** 　**인다.** 　**3. 타당한 근거와 설명을 한 친구에게 칭찬 스티커를 붙** 　**인다.** ○ 모둠에서 스티커를 가장 많이 받은 친구의 의견을 전체 　친구들에게 발표해 볼까요? ○ 발표한 친구들의 의견을 듣고 각자의 생각과 비교하여 　신호등으로 표현해 볼까요? 　- 신호등 카드로 의사 표현한다. ○ 친구들과 의견을 나눈 후 자신의 의견이 바뀐 사람이 있 　으면 발표해 봅시다.	㉔ 신호등 카드 ㉑ 배려 ㉤ 모둠원의 의견과 자신의 의견을 비교해가며 스스로 가치 판단을 할 수 있는 기회가 되도록 한다.
정리 (5′)	학습 정리하기	⊙ 학습 내용 정리하기 ○ 글쓴이의 의견과 내 의견을 비교해 보니 어떤 점이 　좋았나요? ○ 글쓴이의 의견과 내 의견을 잘 비교했는지 신호등 　카드로 자기 점수를 매겨 봅시다.	㉤ 초록: 잘함 　노랑: 보통 　빨강: 못함

이럴 때는 이렇게

<단점과 보안(장점, 단점) 토의>

반, 학교 등의 집단이나 장소에 대한 문제점이나, 또는 학급규칙, 학교행사
등 여러 가지 진행 사안에 관련된 단점과 그에 대한 해결책을 논의하는 데
쓰일 수 있는 방법입니다.

　① 화이트보드나 스크랩 보드 등을 위/아래로 반분합니다.
　② 보드의 상단에는 학생들이 해당 사안과 관련해서 제기하고 싶은 단점이나 문제점

을 빨간 붙임 종이에 적어 붙이도록 합니다. 이때, 동일하거나 유사한 의견들은 모아 위아래로 한 줄에 붙입니다. 서로 다른 의견들끼리는 양옆으로 겹치지 않도록 붙입니다. (한 장의 붙임 종이에는 한 개의 문제점/단점만 적습니다.)

③ 이미 상단에 붙인 단점, 문제점들에 대한 해결책을 생각하는 시간을 가집니다. 그 후 학생들이 각자 생각한 해결 방법을 파란 붙임 종이에 적습니다. 한 학생이 한 가지 문제만 정해 그에 대한 해결 방법을 적어도 좋고, 여러 가지 문제에 대한 해결 방법들을 적어도 좋습니다. (한 장의 붙임 종이에는 한 개의 해결 방법만 적습니다. 또 한 사람이 너무 많은 의견을 쓰지 않도록, 붙임 종이 개수를 3~4장 정도로 정해주면 좋습니다.)

④ 보드의 하단에는 상단에 적힌 문제점/단점들에 맞는 해결 방법이 적힌 파란 붙임 종이들을 붙입니다. 이때는 해당 문제점/단점이 적힌 붙임 종이 바로 아래에 모아 붙이도록 합니다.

<유지, 발전, 변화, 폐지에 관한 토의>

어떤 사안에서 유지하거나, 발전시켜야 하거나, 바꿔야 하거나, 폐지해야
하는 경우에 토의하는 방법입니다.

① 보드를 4등분 하여 각 부분에 '유지, 발전, 변화, 폐지'를 적어놓습니다.
② 학생들이 어떤 사안이나 아이디어에 대해 유지, 발전, 변화, 폐지해야 한다고 생각
   하는 의견을 하나씩 포스트잇에 적어 알맞은 부분에 붙이도록 합니다.
③ 각 부분에서 동일하거나 유사한 의견들은 위부터 아래로 한 줄로 이어 붙여 정리하
   고, 의견들을 모아 정리합니다.

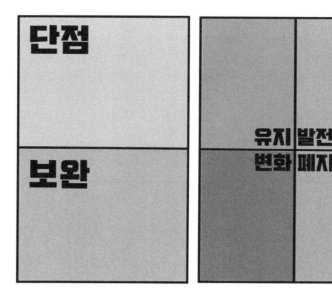

패널
토론

패널 토론은 어떤 문제에 대한 사전 지식이 충분한 대표 학생들이 다른 학생들 앞에 나서 자유롭게 토론을 하는 방식입니다. 나머지 학생들은 대표 학생들의 토론을 참관하면서 이견이 있을 때 질문을 던지거나 자신의 의견을 제시합니다. 패널 토론은 대표 학생의 역할을 맡은 학생들에게 책임감과 자신감을 길러줄 수 있습니다. 청중의 입장에 선 나머지 학생들 또한 자신의 의견과 그에 대한 근거를 정할 때 좋은 정보를 대표자를 통해 얻고 활용할 수 있는 기회를 준다는 장점이 있습니다.

무엇보다도 패널 토론은 특정 논제에 관련된 다양한 사람들의 입장에서 논제를 바라볼 수 있다는 장점이 있습니다. 학생들에게 관찰 능력을 길러주는 가장 이상적인 토론 활동이라고 할 수 있습니다.

패널 토론의 대표 학생은 되도록 학업 성취도가 높았던 학생들 위주로 구성하는 것보다는 최대한 다양한 학생이 참여할 수 있도록 하는 것이 바람직합니다. 스스로 사전 조사하고 수집해 준비해 볼 수 있도록 지도합니다.

① 대표 학생들을 정하고, 학생들이 스스로 의견을 정하도록 합니다. 학생들에게 논제에 대한 자신의 의견을 가볍게 거수 또는 신호등 카드 등으로 표현하게 한 다음, 그중 대표 학생들을 뽑아 전문가 패널로 임명합니다. 하나의 의견 당 두 명 혹은 세 명의 대표 학생들이 모여 전문가 집단을 이루도록 합니다.

② 각 집단의 학생들이 논제와 관련된 정보를 수집하고, 자신의 의견을 뒷받침할 수 근거들을 정리하여 토론을 준비하도록 합니다.

③ 본토론 때, 대표 학생들이 다른 학생들 앞에서 각자가 수집한 정보들을 토대로 자유롭게 토론을 진행하도록 합니다. 이때, 청중 입장의 학생들은 '기자단'이 되어 토론의 마무리 단계에서 각 의견의 대표 학생들에게 질문을 할 수 있습니다. (되도록 본토론 중 의견을 제시한 학생과, 기자단의 질문에 대답을 하는 학생은 다른 사람이 되도록 합니다. 토론의 역할이 다양한 학생에게 배분되도록 합니다.)

④ 청중 입장의 학생들은 자유토론을 다 들은 후에 자신의 입장을 최종적으로 결정하고, 각 집단의 대표 학생이 제시한 근거 또는 그것을 보완하는 근거나 추가로 내세울 수 있는 근거를 정리합니다. 이후 청중 입장의 학생들이 자신이 선택한 집단의 근거들을 바탕으로 상대 집단과 토론을 이어 진행할 수도 있습니다. (한 차례씩 번갈아 발언 기회를 주어 토론하도록 합니다.)

단원	1. 조선 사회의 새로운 움직임	주제(제재)	실학자들의 주장과 활동 알아보기	차시	13/15
학습 목표	사회 개혁을 위한 실학자들의 주장을 알고, 토론할 수 있다.				

과정(시간)	학습요소	교수·학습 활동	자료(㉯) 및 유의점(㉴)

도입
(5')
	동기유발
	
	학습 문제
		◉ 동기 유발
		○ 실학이란 무엇인가요?
		  - 조선 시대 실생활의 유익을 목표로 한 새로운 학풍이
		    었습니다.
		◉ 학습문제 파악하기?
		
		실학자들은 어떤 조선을 꿈꾸었을까?
			㉯ 예습적 과제

전개
(30')
	활동1
	
	활동2
		◉ <활동1> 실학자에 대해 알아보기
		○ 실학자들은 어떤 생각을 갖고 있었고, 어떤 인물들이
		  있었는지 하이파이브 활동으로 조사한 내용을 서로
		  공유해 봅시다.
		  - 농업, 상공업 등 실학자들의 행적에 대해 공유한다.
		◉ <활동2> 실학자들의 생각 이해하기
		○ 실학자들은 어떻게 조선을 바꾸고 싶어 했는지 대표 실
		  학자들의 토론을 들어 보도록 하겠습니다.
		[논제: 조선, 이렇게 바뀌어야 한다.]
		○ 농업, 상공업, 우리 문화 계승의 세 분야로 대표 실학자
		  두 분씩을 모셔 패널 토론을 실시하도록 하겠습니다.
		  입론⇨반론 작전회의⇨질의⇨반론 꺾기 작전회의⇨답
		  변 및 반박 順
		○ 각 실학자들의 주장을 듣고, 실학자들과 인터뷰를 해보
		  겠습니다. 질문이 있는 청중은 질문해 주세요.
		  - 실학자들과 청중들이 질의응답한다.
		◉ <활동3> 내가 실학자
		○ 만약에 자신이 조선 시대 실학자였다면 어떻게 조선을
		  바꿀 수 있을지에 대해 생각을 정리하여 발표해 봅시다.
			㉴ 조사한 내용을
			바탕으로 하이파이브
			활동을 자유롭게
			한다.
			
			㉯ 토론 활동지
			㉴ 예습적 과제로 세
			분야 모두의 주장을
			4단 논법으로 정리해
			놓는다.
			㉯ 토론 학습지

정리 (5' ')	학습 내용 정리	◉ 배움과 삶의 연결 ○ 우리 반의 문제점과 해결 방안에 대해 실학자의 입장에 서 의견을 내어볼까요? ◉ 학습 내용 정리하기 ○ 실학자들의 주장에 대해 정리해 볼까요?	㉴ 실사구시의 자세로 교실 문화를 되돌아보게 한다.

협동(함께하는) 주장하는
글쓰기

"주장하는 글쓰기를 할 때는 4단 논법을 붙여서 쓴다고 생각해!"

"어떻게요?"

"4단 논법은 주장-근거-설명-정리잖아? 그것을 주장-근거1-설명1-근거2-설명2-근거
   3-설명3-정리로 풀어 봐"

"알겠어요! 그런데 막상 쓰려고 하니 잘 못 쓰겠어요."

'4단 논법을 이어 붙여 주장하는 글쓰기를 해보자'라는 학습문제로 수업을 했을 때, 어떤 학생과 했던 대화 내용입니다. 머리로 이해를 했는데 쓰려고 하니 막상 못쓰겠다고 하는 아이들이 꽤 많았던 것으로 기억합니다.

그러던 차 어느 연수에 참여해서 배웠던 '보석맵' 활용 방법이 떠올라, 그 방법을 이용해 주장하는 글쓰기를 모둠별로 써보게 하였더니, 아이들이 자연스럽게 주장하는 글쓰기를 해내는 것을 볼 수 있었습니다.

■ **교사 준비물**: A4용지, 필기구

■ **학생 준비물**: 필기구

① 4인 1모둠을 구성하여 학생들과 함께 보석 맵을 만듭니다. 4인 모둠 당 1장, 혹은 1인당 1장으로 진행할 수 있습니다. 본 차시에서는 한 모둠에 1장의 보석 맵이 주어진 경우를 설명하도록 하겠습니다.

㉠ A4용지 종이를 짧은 면을 기준으로 반으로 한 번 접습니다.

㉡ 접은 A4용지를 다시 반으로 접습니다.

㉢ 두 번 접은 A4 용지를 위의 사진과 같이 대각선으로 접습니다.

㉣ ㉢을 뒤집어 사진에 빨간색으로 표시된 부분을 접습니다.

㉤ ㉠부터 ㉣까지의 과정을 마친 모습은 다음과 같습니다.

㉥ 접은 A4 용지를 펴면 보석 맵이 완성됩니다.

② 보석 맵의 가운데 마름모(◆)에 주장이나 토론, 혹은 토의 주제를 적습니다.

③ 모둠원은 돌아가며 마름모의 주장에 대한 근거를 자신에게 배당된 칸에 적습니다.

④ 근거를 적고 난 후, 근거의 신뢰도를 위해 뒷받침 근거를 추가합니다. 뒷받침 근거에는 자세히 설명하기, 인용하기, 경험들이 등이 있습니다.

⑤ 보석 맵이 완성된 후 모둠원은 보석 맵에 적힌 내용을 함께 읽어보고 내용을 정리하여 주장하는 글쓰기를 완성합니다.

이렇게 활동했어요

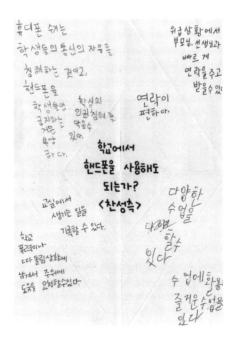

이럴 때는 이렇게

❖ 작성할 것이 없다는 학생의 경우

보석맵을 하다 보면 작성할 내용이 없다고 하는 학생이 있습니다. 이러한 경우에는 작성한 친구가 쓴 내용을 읽어보거나 친구의 의견 옆에 보충하도록 합니다. 집단 사고 활동에서 빈칸을 두려워해서는 안 됩니다.

❖ 보석맵을 한 모둠에 몇 개를 돌려야 하나요?

한 사람당 한 개의 보석맵을 만들어 돌려가며 작성할 수도 있고, 하나의 보석맵을 돌려가며 모둠 친구들과 작성할 수도 있습니다. 이는 내용과 시간에 따라서 알맞게 선택하면 됩니다.

이런 방법도 있어요

❖ 체험학습이나 수학여행을 다녀온 후, 보고서나 기행문 쓰기를 하는 경

우에 유용하게 사용할 수 있습니다. 여행 보고서나 기행문은 크게 4가지 영역으로 나누어서 작성할 수 있습니다. 여정(간 곳), 견문(보고 듣고 알게 된 것), 여정별 감상(생각이나 느낌), 전체 소감(잘된 점, 부족한 점, 고칠 점)을 각각 돌아가면서 작성한 후, 하나의 보석맵을 이용하여 기행문을 쓰게 하면 학생들은 쉽고 깊이 있는 보고서나 기행문을 쓸 수 있게 됩니다.

❖ 토론을 할 때 보석맵을 이용하여 근거나 뒷받침하는 자료를 정리할 수 있습니다. 한 모둠에 보석맵이 4장이 돌아가는 경우엔 오른쪽(혹은 왼쪽) 방향으로 종이를 돌려가며 보석맵에 자신의 근거와 뒷받침하는 자료를 작성합니다. 이때 근거와 뒷받침 내용은 자신의 보석 맵과 같아도 되고, 다른 내용을 작성해도 됩니다. 이렇게 작성된 보석맵은 모둠 전체의 생각이 들어 있으므로 이 보석맵은 토론에 필요한 근거와 뒷받침 자료로 활용할 수 있으며 훌륭한 반론 자료로도 활용할 수 있습니다.

토의와 토론 중심의
과학수업

다른 과목의 수업들도 마찬가지지만 과학 수업은 특히나 더 손이 많이 갑니다. 수업 전, 사전 실험부터 시작하여 실험재료 준비하기, 실험하기, 실험 후 뒷정리하기까지, 어느 하나 준비물 없는 차시가 거의 없습니다. 또한 실험 수업 중 언제 벌어질지도 모르는 안전사고의 위험과 매년 개최되는 과학대회의 부담감 때문에 많은 학교에서 교담 교사로 과학 교담을 꺼립니다.

반면 아이들의 입장에선 과학 교과는 가장 인기 있는 교과목 중 하나입니다. 책이나 영상을 통해 알게 된 자연의 법칙을 실제로 실험·실습해 보며 원리를 탐구하는 과정은 스스로도 대견하고 멋진 일이기 때문입니다.

그렇다면 선생님도 과학 수업을 쉽고 편하게 준비하고, 아이들도 항상 즐겁고 적극적으로 참여할 수 있는 학습자 중심의 과학 수업 방법은 과연 없는 걸까요?

과학수업은 접근 방법에 따라 연역적, 귀납적으로 나뉘고 그에 따라 경험학습 모형, 발견학습 모형, 탐구학습 모형, STS 모형, 순환 학습 모형, 개념 변화 모형, 탐구 과정 학습 모형 등 많은 방법이 있습니다.

칸의 크기를 조절해서 사용하세요!

차시에 따라 적용하면 좋은 최선의 모형이 있겠지만, 과학 수업을 위한 학습 훈련을 처음 시도하는 선생님이라면 KEDI 수업 절차를 과학 교과 수업에 적용한 '일반 수업 모형'을 추천해 드립니다. 일반 수업 모형으로 학습 훈련을 시켜 놓고, 차시에 따라 조금씩 변형해가면 수업에 대한 선생님의 부담도 줄고 아이들도 헤매지 않고 안전하고 즐겁게 수업에 참여할 수 있습니다.

이렇게 활동해요

■ **교사 준비물**: 실험 계획서(A4), 실험 보고서(8절 도화지), 과학실 사용 차시
■ **학생 준비물**: 필기도구, 색연필

① 과학실에서 할 수 있는 실험 차시를 준비하고, 실험 계획서를 배부합니다. 아래의 실험 계획서 틀은 일반적 과학실험 모형(탐색-자료 수집 설계-수집-정리-정착)에 따라 제작하였습니다. (계획서와 보고서 편에도 있어요!)

실험 계획서

( )학년 ( )반 이름( )

단원	
학습문제	
예상하기	
실험설계	
실험 준비물	
주의 사항	
변인 통제	같게 해야 할 조건 : 다르게 해야 할 조건 : 측정할 조건(관찰관점) :

② 학생들은 모둠별로 과학 교과서와 실험 관찰을 참고하여 실험 계획서를 약화로(간략한 그림) 작성합니다.

③ 모둠별로 실험 계획서를 꼼꼼하게 작성하면, 선생님은 모둠에게 실험 순서와 주의사항, 변인 통제 등을 꼼꼼하게 질문하며 섬검하고 부족한 부분은 다시 채워오게 합니다.

④ 선생님의 점검을 마친 모둠부터 실험을 실시하고, 실험 결과는'실험 관찰'에 메모합니다.

⑤ 실험을 마친 모둠은 실험 도구를 깨끗이 정리하고, 깨끗이 정리된 모둠부터 교실로 돌아갑니다.

⑥ 교실로 돌아온 모둠은 8절 도화지에 실험 결과 보고서를 작성합니다.(모둠에서도 짝 활동을 권장합니다.)

(주제:	)

실험 준비물	
가설(예상)	

실 험 순 서	실 험 결 과(표 또는 그래프로)
	표 그래프 표, 그래프 해석

기타 관찰한 사항(질문)	

알게 된 점 (결론도출)	
실생활에 적용 (설명하기)	

⑦ 보고서 작성 후 모둠 발표를 하며, 질의응답 시간을 갖습니다.

⑧ 질의응답으로 서로 피드백하며 오류, 오개념 등을 바로잡습니다. 실험 과정이 틀린 모둠은 붙임쪽지로 실험 시 오류가 난 부분을 수정합니다.

⑨ 작성한 계획서와 보고서는 과정 중심 평가, 교실 환경정리 자료로 활용합니다.

이렇게 활동했어요

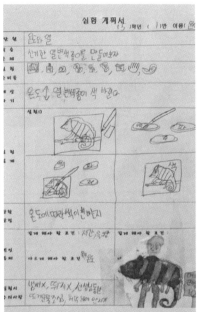

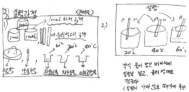

문제제기 → 온에따라 설탕이 용해되는 양은 어떻게 될까?

2. 가설 설정
→ 온도가 높은 수록 설탕은 더 많이 용해 될 것이다.
  예 → 뜨거운 물에 코코아가 더 잘 녹는다.

3. 실험과정

4. 주의사항
① 유리막대로 저을 때 비커 벽에 닿지 않게 한다.
② 유리가 깨지지 않도록 주의한다.

5. 변인통제
① 같게할 조건: 물의 양, 설탕의 종류
② 다르게 할 조건: 물의 온도(℃)
③ 관찰 조건: 녹는 설탕의 양

6. 실험결과
① 표

물온도	20℃	40℃	60℃
녹는 설탕의 양	5	8	12

② 그래프

7. 결과분석
→ 물의 온도가 20℃ 일때는 5스푼, 40℃ 일때는 8스푼, 60℃ 일때는 12스푼이 녹았다. 이에 따라 온도가 높은 수록 설탕이 녹는 양은 더 많다.

8. 결론
→ 용매의 온도가 높은 수록 물질의 녹는양이 더 많아진다.

9. 가설검증
→ 나의 가설과 실험 결과가 일치한다.

이럴 때는 이렇게

❖ 아이들이 '약화' 그리기를 어려워할 때

약화 그리기를 처음 시작할 때, 그림 그리기를 잘 못하겠다는 아이들이 있기 마련입니다. 약화는 자세하게 그리는 그림이 아닙니다. 비커, 페트리 접시, 온도계, 삼발이, 고정 스탠드, 약숟가락 등 실험에 자주 쓰이는 실험기구 등은 간단히 선생님이 먼저 시범을 보이는 것이 좋습니다.

❖ 실험 결과가 교과서 내용 또는 아이들의 예상과 다를 경우

변인 통제가 잘못되어있을 확률이 높겠지요? 선생님이 답을 찾아주기 보단 아이들끼리 실험의 결과가 왜 다르게 나왔는지 서로 질의응답하고 토의·토론을 거치는 것이 좋습니다. 무엇이 잘못되었는지 찾아가 보게 합니다.

❖ 무임승차

과학 실험의 경우 모둠별로 이루어지는 경우가 많습니다. 실험 참여, 모

둠별 보고서 작성 등 아이들의 참여도가 다르고, 무임승차의 경우도 종종 있습니다. 계획서는 개별로, 실험은 모두, 보고서는 짝 활동으로 역할을 나눠보세요.

수학
또래 상담

　교육부의 2019 국가수준 학업성취도 평가 표집 결과에 따르면 중고교 모두 수학에서 10명 중 한 명은 기초학력 미달자인 것으로 나타났다고 합니다.

　수학교육 전문가들은 수학 과목 특성상 저학년 단계에서 기본 개념을 이해하지 못하면 학년이 올라갈수록 따라잡지 못하고 흥미와 자신감을 잃는 경향이 짙다고 합니다. 현장에서도 학생들은 계산 위주의 문제 풀이 식 교육 때문에 수학에 대한 흥미를 잃고 있으며, 선생님들 또한 학생 개인별 수준 차이가 심한 탓에 지도에 어려움을 겪고 있습니다. 선생님들은 가르친다고 하는데도 왜 기초학력 미달 사태가 일어나게 될까요?

　한국교육개발원의 정기 간행물인 '교육정책 포럼'의 2019년 7월 호의 교육 시론에 올라온 글을 소개합니다. (김태은, 왜 기초학력을 갖추지 못하는가?)

　1. 학습을 해본 적이 없다.(제대로)
　　學習(학습), 배우고 익히는 것이다. 그런데 기초학력이 부족한 학생들은 學을 위한 조건이 충족되지 않았다. 學을 하려면 일단 궁금해야 한다. 기초학력이 부족한 아이들에게 물었다. 이거 궁금하지? 안 궁금하단다. 여러 번 물어도 안 궁금하다고 대답한다. 다른 아이들은 궁금해 하는데 왜 이 아이는 안 궁금할까? 아이들과 좀 더 이야기를 하다 보면 이유가 드러난다. 궁금할 필요가 없었거나 궁금해 하는 것에 대해 강화를 받지 못한 상태의 지속, 그로 인한 습관 형성. 더 큰 문제는 다른 친구들은 별 무리 없이 그냥 다 해내는 것 같은데 나만 못하고 있다는 정서적 상처. 어차피 안 될 것 같으니까 지레짐작하여 포기해버리는 습관. 엎드려 있는 것이 일 년에 200일 이상 반복되다보니 안 하는 것은 당연한 것, 안 해도 아무런 문제가 없다는 생각. 즉, 아무것도 안 배웠다보다 더 무서운 '무기력을 배워버린 상태'에 이른다.

아이들과 이야기를 지속하면 가정에서의 결핍이 확인된다. 아이가 궁금해 하는 것에 대한 관심, 궁금한 것을 물어봐 줄 여유, 아이의 학습을 관찰해 주고 격려해 주는 시간의 결핍이다.

2. 시간이 없다.(천천히 배울 수 있는)

學習, 배웠으면, 익혀야 한다. 習이 일어나는 과정은 어떻게든 자기 방식으로 연결을 시키는 것이고, 연결이 되는 순간 이해가 되는 것인데, 이 과정에는 많은 시간이 들어간다. 기초학력이 부족한 학생들은 學도 오래 걸리는데다가 習을 하기 위해서는 더 많은 시간이 걸린다. 그런데 아이들의 일과를 살펴보니 미안한 마음이 든다. 일단 學이 안 되니까 반복적인 學을 시도하는 프로그램들이 투입된다. 수업 시간에 배우고(학), 방과 후에 다시 배우고(학), 학원에 가서 또 배우고(학).

(하루 종일 *學學學* 배우느라 숨이 차다) 嗋이 일어날 틈이 없다. 기초학력이 부족한 학생들을 지도하기 위한 사업의 예산들이 여러 갈래로 내려오는데, 사업별로 출석 도장을 찍어주기 위해 돌아다녀야 한다. 소위 인기 많은 학생이 된다. 한 개를 배우더라도 제대로 씹어서 삼키는지 살펴봐 주어야 하는데, 반복적으로 먹으라고만 한다. 반복하다보면 언젠가는 될 수 있으니까……. 그 사이에 아이들은 지겹고, 재미없고, 질려버린다. 맛을 못 느끼니 *學*에 대한 기억이 안 좋다.

천천히 배우는 학생들에게 필요한 것이 시간이라면, 교사의 시간이 충분해져야 한다. 그런데 교사들에게 아이의 학습을 지켜봐 줄 수 있는 시간이 충분한가? 기초학력이 부족한 학생들을 지도하는데 효율적인 것은 없다. 이들은 더디다. 더딘 시간을 견뎌주어야 아이도 견뎌낸다.

3. 사람이 없다. (들여다 봐주는)

EBS 다큐 중에 아기 성장 보고서라는 프로그램이 있었다. 생후 36개월 정도 되는 아이들과 부모가 함께 노는 장면(나무판에 새겨진 도형에 같은 모양의 원기둥, 별 기둥, 세모기둥, 네모기둥을 맞춰보는 놀이)을 관찰하는데, 엄마들의 특징이 두 가지 유형으로 구분되었다. 아이의 손을 잡고 직접 틀린 것을 수정해 주는 부모와 아이가 원 모양에 별 기둥을 넣어보려고 할 때 한 걸음 뒤로 빠져서 지켜봐 주는 부모. 실험의 목적은 나중에 누가 더 놀이를 지속 하는가를 확인하기 위한 것이었다. 결론은 후자. 전자의 아이들은 그 놀이를 다시 하려고 하지 않았다. 자신의 놀이가 아니라 엄마의 놀이였기 때문에.

기초학력이 부족한 학생들을 관찰하면서 이들에게는 후자의 엄마처럼 '들여다 봐준 사람'이 없었다는 생각이 들었다. 학생이 학습하는 과정을 곁에서 지켜 봐주고, 맘껏 해볼 수 있는 기회를 주고, 추임새를 넣어주는 것. 시간을 내어 여유를 가지고 관찰해 주면서 학생의 사고를 따라가는 것. 이것이 들여다보기이다. 대신해주는 것도 아니고 시키는 것도 아니다. '넌 공부해라 난 설거지를 할게.', '넌 문제를 풀어라 난 밀린 업무를 처리할게.'는 곁에 두고 감시하는 것이지 들여다보기는 아니다.

사실 개별 학생의 학습을 들여다보기는 정말 쉽지 않다. 다른 학생들을 돌봐야 하기 때문에 바빠서 못하는 일이다. 그런데 한번 들여다보면 참 재미있다. 아이의 학습 과정이 눈에 들어오면 시간 가는 줄 모른다. 아~ 이 아이는 이렇게 이해하는 구나. 가르침에 대한 전문성이, 전문가로서의 임상이 쌓이는 기분이다.

위의 글에서도 언급했듯, 선생님은 바쁩니다. 수업 시간에는 수업으로, 쉬는 시간에는 생활지도로, 방과 후에는 업무로……. 특히나 수학 수업 시간에는 학원에서 미리 배워온 친구들과 기초학력 미 도달 친구들 사이에서 갈피를 잡기도 어렵습니다.

고민 끝에 토의토론 학습의 '둘 가고 둘 남기', '패널토의'와 같은 협동학습 기법과 스티커와 쿠폰 같은 마일리지 기법을 더한 '수학 또래상담'이라는 협동학습 실천 방안이 있어 이를 소개합니다.

개념학습을 하고 난 후, 단원의 마무리, 수학 익힘 책, 단원평가 학습지 등을 풀 때의 상황입니다. 빨리 푸는 학생은 지루하다며 '딴짓 활동'을 요구하고 조금 느린 학생은 어렵다며 여기저기서 탄식을 쏟아내곤 합니다.

■ **교사 준비물**:없음
■ **학생 준비물**: 수학 단원평가 문제

① 주어진 문제에 대해 푸는 시간을 정하여 안내합니다. 이 시간 동안은 문제를 다 푼 아이들은 미리 선생님께 점검을 받은 후 '딴짓 활동'을 하지 않고 조용히 기다립니다.

② 정해진 시간이 지난 후 교실 곳곳에 'O번' 문제 해결 상담 코너를 만들고, 문제를 전부 해결한 학생들을 코너별 수학 전문 상담사로 위촉합니다.

③ 문제를 해결하지 못한 학생들은 코너별로 수학 전문 상담사로부터 문제 해결에 대한 상담을 받고, 문제 해결 방법에 대한 조언을 받습니다.

④ 이때 선생님은 기초학습 미달 학생들을 순회하며, 어떤 부분에서 아이가 어려워하는지 점검하며 피드백합니다.

⑤ 상담 코너 활동을 통해 문제를 모두 해결한 학생들은 상담사로 계속 위촉하며 상담 활동을 하도록 합니다. 수학 전문 상담사 활동을 한 아이들에게는 칭찬 스티커, 쿠폰 등의 보상을 합니다.

❖ 5학년 아이들이 수학 전문 상담사 역할을 하며, 각자의 자리에서 상담 코너를 만들어 상담자로서의 역할을 수행하였습니다.

❖ 과정 중심 평가의 문제

아이들이 수학 전문 상담사의 역할을 할 때, 선생님은 기초학력 미달 학생 아이들을 데리고 집중 지도를 하기 때문에 중간 정도의 수준에 있는 아이들에 대한 피드백은 어떻게 하느냐에 대한 문제가 제기될 수 있습니다. 이때는 아이들 스스로의 동료 평가와 자기평가를 권장해 드립니다. 또는 수업의 전시 학습 상기 또는 수업 마무리 단계에서 핵심 개념에 관한 문제 해결 과정을 자세히 쓰도록 하여 선생님이 직접 피드백할 수도 있습니다.

❖ 단위 수업 시간이 끝나고, 보석 맵으로 모둠끼리 문제를 내고 풀어보면서 형성평가를 할 수 있습니다.

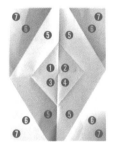

먼저, 모둠의 아이들이 ❶ ❷ ❸ ❹의 위치에 각자 한 문제씩 단위 수업 시간에 배운 내용에 대해 문제를 만들어 적습니다. 문제를 다 만들고 나서, 보석 맵을 시계 방향으로 90도 돌려 각자의 책상 앞에 있는 문제를 과정이 나오도록 ❺에 풀게 합니다. 문제를 풀고 나서, 보석 맵을 한 바퀴 더 돌려 각자의 책상 앞에 있는 문제를 과정이 나오도록 ❻에 풀게 합니다. 문제를 풀면 한 번 더 돌려 ❼에 풀게 하고, 마지막 각자에게로 자신이 낸 문제가 갔을 때 채점을 합니다.

VI

정신시간9
문자 바꾼 놀이

전통
민속놀이

중간놀이 시간은 짧습니다. 아이들은 화장실도 가야 하고, 우유도 마셔야 하고, 보건실도 가야 하며, 수업 시간에 못 나눈 이야기도 해야 합니다.

선생님은 선생님대로 학년 회의에, 부장 선생님은 부장 선생님대로 기획 회의에 참여하게 됩니다. 그래서 중간놀이 시간은 아이들 생활지도, 안전 사고 등 혹시라도 있을 사건 사고에 마음이 졸일 시간이기도 합니다.

용기랄?
가위바위보에 졌어도 다시 도전하는 자세

이렇게 짧은 중간놀이 시간의 가장 중요한 것은 안전입니다. 아이들을 그냥 놀게 하는 것이 아니라, 노는 방법을 가르쳐야만 안전한 중간놀이 시간을 보낼 수 있습니다. 그렇다고 중간놀이 시간에 노는 방법을 가르치는 것은 아닙니다. 교과와 창체 관련 시간에 노는 방법과 안전 수칙을 가르치고, 선생님도 함께 중간놀이 시간을 누리시길 바랍니다.

<사방치기>

① 사방치기는 오른쪽의 그림과 같이 놀이판을 그리고 시작합니다. (<하늘>은 필요에 따라 제외하고 게임을 진행할 수 있습니다.)

② 말을 칸에 던져 넣습니다. 1단을 하는 경우 1번 칸에 말이 들어가야 합니다. 이때 말이 칸을 벗어나거나 선에 떨어지는 경우 탈락하여 다음 사람에게 차례가 넘어갑니다.

③ 말을 던진 칸을 밟지 않고 숫자의 순서에 따라 이동합니다. 1단의 경우 2,3,6번은 한발로 이동하고, 4-5,7-8은 양발을 이용하여 밟을 수 있습니다. 이때 선을 발로 밟거나 칸을 넘어가면 탈락입니다.

④ 8번까지 갔으면 숫자의 역순으로 다시 돌아옵니다. 이때 던진 말은 내가 던진 칸의 바로 다음 칸에서 주워 돌아와야 합니다. 1단인 경우 2단

에서 주워올 수 있습니다.

⑤ 1단부터 8단까지 진행하는데 만약 중간에 실격당한 경우 실격당한 단에서 다시 시작해 게임을 진행합니다.

⑥ 마지막 8단을 성공했다면 〈하늘〉칸에 들어갈 수 있습니다. 해당 칸에서는 놀이판을 등지고 뒤로 말을 던집니다. 이때 말이 떨어진 칸은 던진 사람의 땅이 되어 다른 참가자들이 밟을 수 없습니다.

⑦ 더 이상 얻을 수 있는 땅이 없는 경우 게임을 끝내고, 제일 땅을 많이 가진 사람이 게임에서 승리하는 것으로 합니다.

<달팽이 놀이>

① 달팽이 놀이는 오른쪽 아래의 그림과 같이 놀이판을 그리고 시작합니다.

② 놀이에 참여하는 학생들은 두 편으로 나누어서 시작합니다. A팀은 노란색으로 표시된 안집으로 들어가고, B팀은 바깥쪽은 파란색으로 표시된 바깥 집에서 시작합니다.

③ 각자의 집에 들어간 학생들은 한 줄로 섭니다.

④ 출발신호를 하면 각 팀의 첫 번째 학생이 동시에 나옵니다. 놀이판을 뛰다가 둘이 만나면 가위바위보를 합니다.

⑤ 이긴 학생은 원래 가던 방향으로 계속 진행하고, 진학생은 자기 집으로 돌아가 맨 뒤로 줄을 섭니다.

⑥ 진 팀의 두 번째 학생은 첫 번째 학생이 가위바위보를 지는 순간 출발합니다. 이때 또 상대편을 만나면 가위 바

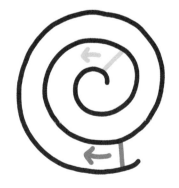

위 보를 합니다.

⑦ 상대편의 집에 먼저 들어가는 팀이 이기게 됩니다.

<오징어 놀이>

① 오징어 놀이는 오른쪽 아래의 그림과 같이 놀이판을 그리고 시작합니다.

② 놀이에 참여하는 학생들은 두 편으로 나누어서 가위바위보로 공격과
수비를 정하는 데, 공격 팀은 제일 위쪽에 있는 원(집)에, 수비하는 팀은
오징어의 몸통에 들어갑니다.

③ 공격 팀은 한 발로 집을 나와 중간에 있는 좁은 길을 건너면 양발로 다
닐 수 있게 됩니다. (양발이 되는 경우 이동에 용이하고 수비 팀과 대치 상황에도 유리합니다)

④ 공격 팀은 수비 팀을 모두 실격시키거나 공격 팀 중 한 사람이라도 밑
에 있는 원(만세통)을 밟는 경우 승리하고, 수비 팀은 공격 팀을 모두 실격
시키는 경우 승리합니다.

⑤ 오징어 게임에서 실격되는 경우는 금을 밟은 경우, 한 발로 이동하다가
다른 발이 땅에 닿는 경우, 두 발일 때 넘어져 땅에 손이 닿는 경우, 금
을 사이에 두고 상대 영역으로 끌려들어 오거나 나가는 경우입니다.

⑥ 실격된 학생은 게임 판에서 나와 게임
이 끝날 때까지 기다립니다.

⑦ 수비 팀이 공격 팀을 모두 실격시켜
게임에서 승리하면 다음 판에서 공격
으로 바꾸어 진행합니다.

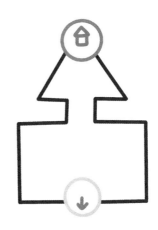

<강 건너기 놀이>

① 강 건너기 놀이는 오른쪽 아래의 그림과 같이 놀이판을 그리고 시작합니다. (전체 인원에 따라 10명이면 칸을 5개로, 12명이면 6개로 그려야 합니다. 폭은 30~40cm 정도, 길이는 250~300cm 정도로 그려줍니다.)

② 놀이에 참여하는 학생들은 두 편으로 나누어 가위바위보로 공격과 수비를 정합니다.

③ 공격 팀은 시작 칸에, 수비 팀은 강에 서는데 한 칸에는 2명 이상 서지 않도록 합니다.

④ 공격하는 사람은 수비를 피해 강을 건너 끝까지 갔다 오면 승리하는 게임입니다.

⑤ 수비하는 사람이 공격자를 치면 공격자가 탈락하고, 공격자가 수비하는 사람을 뒤에서 밀어 강을 벗어나게 하면 수비자가 탈락합니다.

⑥ 공격 편이나 수비 편은 모두 게임 틀 밖으로 나갈 수 없지만 경우에 따라 공격 시 다음 칸으로 뛰어넘기 위해 자기가 있는 칸의 측면의 선을 한 발로 밟고 몸을 밖으로 빼는 것은 가능합니다. 하지만 이는 미리 팀 간 합의가 필요합니다.

<팔자 놀이>

① 팔자 놀이는 오른쪽의 그림과 같이
   놀이판을 그리고 시작합니다.

② 놀이에 참여하는 학생들은 두 편으로
   나누어서 한 팀은 노란색, 다른 팀은
   파란색 원을 자신의 땅으로 갖습니다.

③ .자신의 원 안에서는 두 발을 사용하
   여 자유롭게 다닐 수 있지만 밖으로
   나가는 경우는 한 발로 다닐 수 있습
   니다.

④ 원 밖에서 상대편을 만나는 경우 서로
   밀고 당기며 다툼을 하고, 이때 두 발을 땅에 딛는 사람은 탈락입니다.

⑤ 각자 상대팀을 탈락시키고 상대팀의 원이 비었을 때 안으로 들어가는
   경우 승리합니다.

⑥ 상대팀 원 안에 사람이 있는 경우에는 원 안으로 들어가 상대편을 모
   두 밖으로 밀어내는 것으로도 승리할 수 있습니다.

VII

알림틈 없는
숙제
5~6교시 수업

눈치
게임

  쉬는 시간, 열심히 놀고 온 학생들과 다시 수업을 시작하기에 어려움을 겪는 선생님들이 많으실 것이라 생각합니다. 수업을 시작할 때 소란스러운 학생들이 한 번에 선생님 말에 집중하도록 하는 방법에는 어떤 것이 있을까요?

  이번에는 수업을 시작할 때 간단하게 사용할 수 있는 눈치게임에 대해서 이야기해보려고 합니다. 눈치게임은 규칙이 단순해서 모르는 사람들도 금방 배울 수 있고, 대부분의 학생들은 이미 규칙을 잘 알고 있기 때문에 굳이 규칙을 설명하지 않아도 되므로 수업 시작 상황에서도 쉽게 사용할 수 있습니다.

  또한, 눈치게임은 단순히 학생들의 집중을 유도하는 것을 넘어, 다양한 응용을 통해 학습한 내용의 복습에도 활용될 수 있습니다. 재미있는 눈치게임을 통해 배운 내용을 복습하는 것은 공부에 재미를 더해 줄 것입니다.

<기본 눈치게임>

1. 선생님이 '시작'이라고 외칩니다.
   ※교사가 '시땡', '시장' 등 다른 구호를 외쳤을
   때 일어나는 학생은 탈락입니다

2. 선생님의 시작 구호에 맞춰 학생들은
   숫자를 외치며 자리에서 일어납니다.

3. 동시에 2명 이상 일어나거나 제일
   마지막까지 남아있는 학생은 자동적으로
   탈락입니다.

4. 탈락한 학생들은 자리가 아닌 책상 옆
   바닥에 앉아서 게임을 진행합니다.

❖ 한 명이 일찍 일어나고 다른 친구가 늦게 일어나 탈락하는 경우 두 친
구 모두 탈락하는 것을 원칙으로 하고 너무 심한 경우에는 교사가 구
제하여 줄 수 있습니다.

<물귀신 눈치게임>

1. 기본 눈치게임과 같이 게임을 진행하다가 탈락한 학생은 원하는 학생 옆에 와서 함께 앉도록 합니다. .

※한 의자 당 최대 두 명의 학생까지만 앉을 수 있습니다. 다양한 친구들과 함께 하도록 지도해 주세요.

2. 함께 앉아있는 친구는 물귀신 친구와 같은 타이밍에 일어나야 합니다. 함께 일어나지 못하면 탈락으로 합니다.

※물귀신 친구와 대화를 할 수 없고 개별적인 팀 신호로 일어날 수 있도록 해주세요.

<아이컨택 눈치게임>

1. 교실 내 다른 친구들 중에서 아이 콘택트를 통해 파트너를 한 명씩 빨리 찾습니다.

※이때 학생들끼리 이름을 부르거나 손짓하지 못하도록 하고 매번 같은 친구와 일어나는지 확인해 주세요.

2. 아이 콘택트에 성공한 친구들은 함께 같은 숫자를 외치며 일어납니다.

※ 파트너끼리 타이밍을 못 맞추거나 여러 쌍이 함께 일어나면 탈락입니다.

<공부 눈치게임>

① 교사와 학생이 함께 시작 구호를 정합니다. 교사가 임의의 시작 구호를 정한 경우 이 단계는 생략하고 진행할 수 있습니다.

② 교사의 시작 구호와 함께 게임을 시작합니다. 이 경우 시작 구호가 '시작'이라면 '시장', '시잠'등 발음이 비슷한 구호를 사용하여 학생들이 더 교사의 말에 집중하도록 유도합니다. 당연히 '시장', '시잠'의 구호에는 게임을 시작하지 않습니다.

③ 공부 눈치게임은 두 가지 방법으로 게임에 참여할 수 있습니다.

[방법1] 순서가 있는 영어 단어
⒈ 게임의 초기에는 영어 숫자로 게임을 시작합니다. 학생들이 영어 숫자에 익숙해지는 경우는 주제를 바꿀 수 있습니다.
⒉ 바꾸는 주제는 계절, 달(month)과 같이 순서가 정해져 있는 것을 선택하고, 순서의 끝에 도달한 경우는 다시 맨 처음 학생으로 돌아가 이어서 진행합니다.

[방법2] 짝이 있는 영어 단어
⒈ 방법 2는 반의어 (tall-short), 현재형-과거형(go-went), 콜로케이션(take-a shower (o) / do-a shower (x)) 와 같이 짝이 지어지는 단어로 진행합니다
⒉ 교사가 먼저 반의어, 현재-과거와 같이 주제를 정해줍니다.
⒊ 학생 10이 단어를 외치면 학생 2는 주제와 관련하여 뒤에 이어질 단어를 외칩니다. (다양한 단어를 공부하는 것이 목적인 만큼 한 명의 학생이 같은 단어에서 2번 일어나는 경우가 없도록 합니다. 만약 학생이 went를 외치며 일어났다면 다음 게임이나 혹은 다음 차례에서 또 went를 외칠 수 없습니다.)

④ 해당하는 단어를 말하지 못하거나 잘못된 단어를 말한 학생이 탈락입니다.

⑤ 다른 눈치게임들과 다르게 공부 눈치게임은 부활할 수 있는 기회가 있습니다. 교실에서 제일 가까운 벽을 터치하고 돌아와 자리에 앉는다거나 탈락한 다른 친구와 하이파이브 하고 오기 등 학급에서 적절한 규칙을 세워보세요.

⑥ 마지막까지 살아남은 최후 1인의 학생에게는 간단한 보상(스티커) 등을 제공하여 주셔도 좋습니다.

'야' 부르기
게임

    '야' 부르기 게임(약칭 '야' 게임)은 친목 활동에 유용한 게임으로, 간단한 진행 방식 덕분에 학생들이 쉽게 익혀 즐길 수 있습니다. 진행속도가 빠른 만큼 학생들이 순발력과 집중력을 발휘할 좋은 기회가 될 것입니다.

    또한 게임의 형태를 변형하여 다양한 목적으로 활용할 수 있습니다. 기본 게임에서 응용 게임으로 넘어가며 난이도를 조정할 수 있습니다. 무엇보다 단순한 흥미 게임뿐만으로 그치는 것이 아니라 학습 내용을 즐겁게 복습하는 데에 쓰일 수 있다는 점이 매력적입니다.

    다양한 개념들을 암기해야 하는 사회, 과학 과목은 물론 문장을 완성해야 하는 영어 과목 학습에도 응용해서 게임을 진행할 수 있습니다. 또, 곱셈, 구구단 등 수학 연산 연습에도 응용할 수 있습니다.

    이 게임에 소개된 예시 외에도 다양한 응용 버전을 선생님께서 직접 만들어 진행해 보는 것도 좋은 경험이 될 것입니다.

<기본형 '야' 게임>

1. 학생들은 게임을 진행할 수 있도록 원
   대형으로 앉고 게임 진행 방향을 정합니다.

※원 대형이 아니더라도 게임 진행이 순환될
   수 있는 배치로 앉혀주세요.

2. 첫 번째로 시작하는 학생이 진행 방향에
   있는 다음 상대에게 '야'라고 외칩니다.

※진행 방향을 틀리거나 박자를 놓치면
   탈락입니다.

3. 다음 진행자가 진행 방향을 동일하게
   이어나가고자 하면, 동일한 진행 방향에
   있는 옆의 상대에게 '야'라고 외칩니다.

※탈락한 학생들은 순환하는 게임에서
   제외하고 게임을 진행해 주세요.

4. 다음 진행자가 진행 방향을 반대로 하고자
   한다면 자신에게 '야'라고 외친 상대에게
   '왜'라고 받아칩니다.

※자신에게 '왜'라고 외친 사람에게 다시 '왜'
   구호로 맞받아치는 것도 가능합니다.

<코카콜라 게임>

1. 학생들은 게임을 진행할 수 있도록 원
   대형으로 앉고 게임 진행 방향을 정합니다.

※원 대형이 아니더라도 게임 진행이 순환될
   수 있는 배치로 앉혀주세요.

2. 첫 번째로 시작하는 학생이 진행 방향에
   있는 다음 상대에게 '코'라고 외칩니다.

※마지막 글자인 '라' 다음에도
   그다음 사람이 '코'로 시작하여 계속
   이어나갑니다.

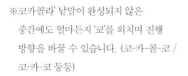

3. 동일한 진행 방향으로 이어가고자 하면,
   다음 상대에게 차례로 '카, 콜, 라'를
   외칩니다.

※'코카콜라' 낱말이 완성되지 않은
   중간에도 얼마든지 '코'를 외치며 진행
   방향을 바꿀 수 있습니다. (코-카-콜-코 /
   코-카-코 등등)

4. 진행 방향 반대의 친구에게 첫 시작
   음절인 '코'를 외쳐 방향을 바꿀 수
   있습니다.

※두 명이 서로 '코', '코'식으로 받아치는
   것을 방지하기 위해 방향 변경 횟수를
   제한하면 좋습니다.

<'야' 학습게임>

1. 교과 시간 중 학습한 내용을 복습하기 위한
   주제를 정해 외칩니다.

   ※ 게임 주제의 학습이 게임의 목적이므로,
      학생들이 적절한 주제를 선정할 수
      있도록 도와주세요.

2. 다음 사람들은 주제의 하위 항목을 이어서
   순서대로 진행합니다.

   ※ 첫 번째 진행자가 고개를 돌려 지정한
      방향대로 게임을 진행합니다.

3. 진행 방향을 바꾸려는 사람은 역방향으로
   게임 주제 구호를 외칩니다.

   ※ 속도감 있는 전개를 위해서 주제를
      제외하고 첫 번째 하위 항목으로 방향을
      바꿀 수도 있습니다.

4. 모든 학생 참여를 지향하기 위해 방향
   바꾸기를 중복하여 사용하지 못하도록
   합니다.

   ※ 이때 박자를 놓치거나 (2초 이상
      무응답), 답이 틀린 경우는 탈락합니다.

❖ 하위 항목의 진행 순서가 없는 주제인 경우 교사가 참가자들과 함께 진행 방향에 따른 낱말들의 순서를 임의로 정해 게임을 진행합니다.

(예1 : 봄 - 새싹 - 여름 - 바다 - 가을 - 낙엽 - 겨울 - 눈)

(예2 : What - do - you - want - to - do?)

몸으로 그리는
4컷 만화

만화 좋아하시나요? 어린 시절부터 지금까지 만화는 우리를 상상의 세계로 안내하는 창이었던 것 같습니다. 만화와 관련된 다양한 물품들도 인기가 많고, 요즘은 만화를 볼 수 있는 매체가 다양해져서 만화책이나 만화영화뿐만 아니라 웹툰과 인스타툰의 형태도 유행 중입니다.

우리 학생들도 휴대폰이나 컴퓨터를 통해 만화를 많이 접하고 있고 장래희망으로 웹툰 작가를 적는 학생들도 심심치 않게 보입니다. 하지만 학급의 모든 학생들에게 웹툰을 만들어보자고 한다면 그림 솜씨에 자신이 없는 학생들은 활동에 흥미를 잃을 것입니다. 따라서 모든 학생들이 흥미롭게 활동에 참여할 수 있도록 그림 대신 몸으로 짧은 만화를 만드는 활동을 진행해보는 것은 어떨까요? 솜씨의 차이 없이 누구나 적극적으로 참여할 수 있을 것입니다.

■ **교사 준비물**: 역할극 대본(상황)

■ **학생 준비물**: 필기구, 콘티 종이

① 4명을 1모둠으로 구성합니다. 모둠별로 교사가 준비한 역할극 내본을 하나씩 골라 모둠별로 콘티를 작성합니다. 모둠별로 준비하는 콘티에는 4컷의 장면과 각각의 장면별 대사가 들어갑니다. (학생들이 콘티를 필요로 하지 않는 경우 이 과정은 생략 가능합니다.)

② 학생들은 준비한 4컷 만화 콘티에 맞춰 정지된 장면을 연기합니다. 콘티를 생략한 경우 연기하는 장면은 모둠 회의를 통해 결정합니다. 각각 1컷씩을 표현하는 것을 기본으로 하되 필요한 경우 1컷을 여러 명이서 준비할 수 있습니다.

③ 역할극을 보던 다른 모둠 친구들이 등장인물의 팔을 터치하면 등장인물은 해당하는 대사를 이야기하며 움직이는 장면을 연기합니다.

④ 4번째 장면까지 역할극이 모두 끝난 후 다른 모둠은 역할극을 보며 교사가 준비한 역할극의 대본이 어떤 내용인지 파악하여 이야기합니다.

① 한 장면을 연속 4장의 그림으로 표현합니다.

② 장면을 표현할 때에는 한 장면에 1개의 예시를 들 수도 있고, 한 장면을 4가지 예시로 들 수도 있습니다.

③ 속담, 관용어를 표현하면 나머지 친구들이 아는 내용을 대입해 답을 찾아봅니다.

④ 4번째 장면까지 모든 표현을 끝내면 다른 모둠은 역할극 장면을 살펴

면서 교사가 준비한 역할극의 대본이 어떤 내용인지 파악하여 이야기
합니다.

이럴 때는 이렇게

❖ 지체장애 학생이 통합수업을 받는 경우

몸으로 표현하는 활동이라고 해서 지체장애학생이 배제되지 않도록 신
경 써주시기 바랍니다. 만화를 보면 전신이 다 나오는 장면도 있고, 상
반신만 나오는 장면도 있고, 얼굴만 클로즈업이 되는 장면도 있고, 신
체 일부, 혹은 대사만 나오는 장면도 있습니다. 또한 전신이 다 나오더
라도 자세가 무조건 서있는 자세일 필요가 없고, 앉아있거나 누워있는
자세도 괜찮다는 것을 학생들이 이해할 수 있도록 사전에 충분히 설명
해 주세요.

❖ 몸으로 표현한 만화를 학생들이 이해하지 못하는 경우

몸으로 4컷 만화를 표현하는 과정 자체에 교육적인 효과가 충분하기 때문에 4컷 만화가 끝난 후 학생들과 다른 표현 방법에는 어떤 것들이 있는지 질문, 보충하는 과정을 가지는 것도 좋은 방법입니다. 친구들이 왜 이해하지 못했는지 찾아보고, 관련된 조언을 통해 함께 완성해나가도록 합니다.

> **이런 방법도 있어요**

❖ 아래의 사진은 학생들이 마스크 착용에 대한 중요성을 4컷 만화로 표현한 작품입니다. 학생들이 연극을 하는 것보다 쉽고 재미있게 참여합니다.

❖ 만화 콘티뿐만 아니라 단어나 속담, 과학 원리 등을 주제로 진행할 수도 있습니다. 과학 원리라면 뉴턴이 사과나무를 보고 중력을 발견하게 된 원리를 학생들에게 제시어로 제공하여 학생들이 콘티를 구성할 수 있도록 할 수 있습니다.

❖ 수학적 개념을 몸으로 표현하고 묻고 답하는 방법의 '수학 4컷 만화'가 가능합니다. 예를 들어 첫 번째 컷에서는 사과 10개를 들고 있는 사람을, 두 번째 컷에서는 사과 먹는 곰의 모습을, 세 번째 컷에서는 남아있는 사과의 모습, 마지막 컷에서는 궁금증을 표현한 모습을 나타내볼 수 있습니다.

모으기,
쟁탈하기 게임

'이름을 모아라' 게임은 낱말이 적힌 카드를 여러 개 만든 후에 조각들을 자기쪽으로 빨리 모으거나 상대방의 조각을 빼앗아 진행하는 게임입니다.

이 게임은 특히 수업 시간에 배우는 상위개념(핵심 개념)과 하위개념학습에 유용합니다. 카드에 배운 개념들을 적어 한곳에 다 모은 후, 게임 진행자(선생님) 앞에서 카드에 적힌 개념의 이름을 다 외우게 되면 게임에 성공하게 됩니다.

수업 막바지에 이 게임을 진행하게 되면 학생들에게 학습 내용을 재미있게 되돌아볼 수 있는 기회를 만들어 줄 것입니다. 상위개념(핵심 개념)과 하위개념을 연관 지어 기억하는 것은 학생들이 더 오래 해당 개념들을 기억할 수 있도록 도울 뿐 아니라, 해당 개념을 생활에서 응용하는 데에도 도움이 될 것입니다.

학생들이 개념들을 외우는 것에 지루해하거나 어려워할 때 꼭 한번 시도해 보세요. 재미있는 복습 시간이 될 것이며 아이들의 흥미를 유발할 수 있을 것입니다.

<모으기 게임>

낱말들이 적힌 카드를 뒤집어 놓은 상태에서, 자신이 맡은 핵심 개념과 관련된 하위개념의 낱말 카드들을 하나씩 모으는 방법의 게임입니다.

다루는 핵심 개념의 종류는 대략 3, 4가지 정도가 적당하며, 응용하는 학습 주제에 따라 가짓수를 정하도록 합니다. 무엇보다, 게임에 참여하는 참가자 수와 동일한 수 이어야 합니다. 또 참가자 외, 게임 진행을 도와줄 1명 필요합니다.

1. 모둠별로 오늘 공부한 내용 중 중요한 단어를 적어 학습내용 카드를 만듭니다.

※ 선생님은 각 모둠 학생별로 주제를 정해주고 학생들이 올바른 단어들을 적고 있는지 확인해 주세요.

2. 한 모둠을 4명으로 구성하고, 카드를 개인당 1~4개씩 가져갑니다.

※ 학생들의 학년, 수준에 따라 카드의 개수를 조절해 주세요.

3. 모둠에서 1명씩 나외 키드를 1개씩 바꾸어 갑니다.

※ 이때 나오는 학생들은 모둠별로 한 명씩 돌아가면서 나오도록 합니다.

다 모았어요!

4. 같은 주제의 학습 내용 카드를 모두 모은 모둠이 승리합니다.

※ 조형원리 - 변화, 동세, 균형과 같이 한 짝을 이룰 수 있도록 해주세요.

<쟁탈하기 게임>

게임을 진행하는데 다루는 학습의 주제가 상위개념-하위 개념 관계를 다루는 것이 아니거나, 단 1가지의 상위개념과 관련된 하위개념들만으로도 게임을 진행할 수 있습니다.

1. 상위개념을 하나 정하고, 그와 관련된 하위개념들을 적은 종이 카드를 접어서 책상 위에 올려놓습니다.

※ (예) 상위개념 : 조형원리 /하위개념 : 점증, 점이, 통일, 동세, 균형, 비례) 게임인원 : 3명 + 게임 진행자 1명)

2. 게임 참가자들이 각각 4장의 종이 카드를 가져갑니다.

※ 종이 카드를 만들 때, 같은 개념의 이름이 적힌 종이 카드가 각각 2장이 되도록 합니다. (종이 카드 12개, 3명이 1인당 4장씩)

3. 다른 사람들과 돌아가면서 가위바위보를 하여, 이긴 사람이 상대방에게 자신에게 없는 이름의 조각을 달라고 요구합니다.

※ 이때 상대방은 해당 개념의 이름이 적힌 조각이 있으면 넘겨주고, 없으면 '없어요.'를 외치며 요구를 거부합니다. (없다고 속이다 걸리면 게임에서 탈락)

4. 조각을 종류별로 모두 모은 사람은 선생님께 설명하거나 해당 단어를 모두 외우면 승점 1점을 얻습니다.

※ 가장 먼저 카드를 모으고 외우기까지 모두 성공한 사람이 게임에서 승리합니다.

<빙고게임>

수업에서 배운 개념들을 가지고 빙고게임을 진행할 수 있습니다.

놀이 순서

1. 참가자들이 빙고판 (3x3, 4x4, 5x5 등)
   위에 한 칸에 하나씩 낱말들을 무작위로
   적습니다.

※ 게임 시작 전 교사가 미리 제재가 되는
   낱말들의 이름을 제시합니다.
   (단원에서 등장한 개념들의 이름 등)

2. 게임의 진행자가 하나씩 낱말들을
   불러주고, 참가자들은 해당되는 개념들이
   들어있는 칸을 X로 지워나갑니다.

※ 게임에 참가하는 학생들이 한 명씩
   차례대로 낱말을 불러가는 방법도
   좋습니다.

3. 빙고를 성공시키면, '빙고!'를 외치고
   진행자에게 갑니다. 그 후 진행자에게
   해당 줄에 있는 개념들을 모두 설명합니다.

※ 자신이 빙고 줄들을 만들었을 때, 완성한
   줄을 이루는 개념들만 설명하면 됩니다.

4. 빙고들을 완성하고 빙고 줄의 개념들에
   대한 설명까지 가장 빨리 모두 성공하는
   사람이 승리하게 됩니다.

※ 빙고를 완성하여 먼저 진행자에게
   갔더라도, 외우기에 실패하면 다음에
   빙고를 완성하여 진행자에게 온 다른
   학생에게 기회가 넘어갑니다.

빙고 만들기

상태 피라미드	상태계 평형	먹이 사슬	먹이 그물
2차 소비자	1 (가위바위보)	1차 소비자	최종소비자
생태계	생물 요소	비생물 요소	생산자
소비자	분해자	2 (대수.소수 지변)	양분

빙고 게임

상태 피라미드	생태계 평형	먹이 사슬	먹이 그물
2차 소비자	1 (가위바위보)	1차 소비자	최종 소비자
생태계	생물 요소	비생물 요소	생산자
소비자	분해자	2 (먹소소 지변)	양분

❖ 카드 쟁탈하기 게임을 진행할 때 단순 가위바위보로 게임을 진행하지 않고, 묵찌빠, 디비디비딥, 참참참 등, 다른 다양한 게임으로 진행하는 것도 좋습니다.

❖ 카드 쟁탈하기 게임을 진행할 때, 자신이 원하는 카드의 단어 이름을 말하면서 달라고 하는 방법 대신, 상대방의 패에 있는 카드를 (카드의 뒷면을 보는 상태에서) 무작위로 뽑아서 가져가는 방법을 택할 수도 있습니다.

❖ 게임의 절차를 조금 변형하여 상위개념 - 하위개념 지도가 아닌, 수 카드를 이용한 구구단 맞추기 게임이나 영어 단어 맞춰보기 등 다양한 수업 주제에 응용할 수 있습니다.

코알라 게임

아침활동 시간에 학생들이 재미있게 참여하면서도 리듬감과 집중력을 기를 수 있는 코알라 게임을 소개합니다.

이렇게 활동해요

① 참가자들을 소수로 정합니다. (너무 많으면 실수한 사람을 찾기 어려움)

② 율동을 하면서 노래를 부르도록 합니다. (멜로디 : 우리 모두 다 함께 손뼉을)

깊은 숲- (멜로디 : 우리 모두)

동굴 속에 (다함께)

코 (손)

알 (뼉)

라 (을)

※ '코, 알, 라' 부분은 '우리 모두 다 함께 손뼉을' 중 '손뼉을' 부분의 원 멜로디보다 느리게 - 한 박에 한 글자씩 부릅니다. (코. 알. 라.)

아무것도 (앞과 동일한 멜로디)

모르는

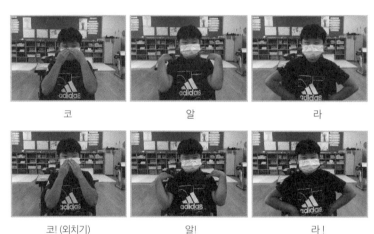

코   알   라

코! (외치기)   알!   라 !

③ 이어서 같은 율동과 함께 같은 노래를 부르되, '코알라' 중에서 '코'라는 글자가 나와야 할 타이밍에만 침묵하면서 노래를 부르도록 합니다.

(깊은 숲 동굴 속에 ( )알라 / 아무것도 모르는 ( )알라 / ( ) 알! 라!)

④ 그 다음에는 '알', 또 그 다음에는 '라'를 빼면서 노래를 부르도록 합니다.

노래를 작게 불러서 안 들리는 사람이나, 율동 동작을 틀리는 사람, 빼고 불러야 할 글자가 나오는 타이밍에 소리를 내는 사람이 탈락하게 됩니다.

코알리 게임은 가사를 창작하여 나양한 학습 수제를 복습하는데 쓰일 수 있습니다. (실학을 집대성한 정약용 / 삼일절 만세운동 유관순 등등)

계획서·보고서
작성하기

　프로젝트 학습, PBL 학습, STEAM, 융합교육. 각각의 이름은 다르지만 운영하는 방법에는 공통점이 있습니다. 바로 '주제 중심 교과통합'입니다. 성취 기준을 중심으로 주제를 선정하여 수업을 이끌어 나가는 학습법입니다.

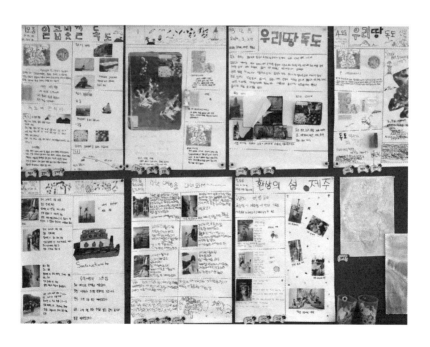

어떤 교과가 중심으로 놓이든 개인별 또는 모둠별로 학습결과물이 쌓이기 마련입니다. 이렇게 만들어진 학습결과물은 과정 중심 평가 자료로 활용되어 언제든 피드백이 가능하며 학급 환경으로도 활용할 수 있는 중요한 자료가 됩니다.

학습결과물로는 여러 종류가 있으나 도화지, 풀, 색연필만으로 쉽게 활용할 수 있는 계획서와 보고서 작성 지도 방법 위주로 소개합니다.

이렇게 활동해요

- **교사 준비물**: 보고서 작성 방법 지도를 위한 재구성 차시
- **학생 준비물**: 도화지(개인 A4, 짝 8절 권장), 풀, 색연필(4인 이상의 모둠 보고서는 무임승차의 확률이 높아 2인으로 권장합니다. 4인 이상의 보고서 작성 시에는 꼭 역할 분담해 주세요)

<조사 결과 보고서 유형>

1 신문 형식(8절 도화지)

(헤드라인:)

	발행인
헤드라인 관련 기사	헤드라인 관련 만화 또는 사설
그림 또는 사진/개념/설명하는 글 넣기	

헤드라인 관련 인물 인터뷰		
인물1	인물2	인물3

광고	퀴즈

② 리포트 형식(8절 도화지)

(주제:)

	만든이

조사 기간과 조사 동기

· 조사 기간:

· 조사 동기:

주제 관련 사진과 전체적인 설명

관련 사진 또는 그림	전체적인 개념 또는 설명

주제 관련 세부 사진과 세부 설명

관련 사진 또는 그림	관련 사진 또는 그림	관련 사진 또는 그림
세부 개념 또는 설명	세부 개념 또는 설명	세부 개념 또는 설명

좀 더 알고 싶은 점	퀴즈

<체험학습 보고서 유형(8절 도화지)>

체험학습 보고서

	만든이

체험 기간과 체험 동기

· 체험 기간:

· 체험 동기:

주제 관련 사진과 전체적인 설명

관련 사진 또는 그림	체험학습 전체적인 여정 설명/입장권 부착

주제 관련 세부 사진과 세부 설명

관련 사진 또는 그림	관련 사진 또는 그림	관련 사진 또는 그림
사진 설명	사진 설명	사진 설명
나누었던 대화	나누었던 대화	나누었던 대화
인상 깊은 점	인상 깊은 점	인상 깊은 점

새로 알게 된 점과 느낌/아쉬운 점	퀴즈

공책 정리와
구조화의 기술

학생, 학부모, 선생님 모두에게 공책 정리는 머리 무거운 일입니다. 누군가 가르쳐 준 적도 없을뿐더러, 요즘 출판되는 책들이 정리가 잘 되어있어 굳이 공책 정리를 할 필요성도 많이 느끼지 못하는 것 같습니다. 하지만 공부의 많은 기술 중에 하나를 뽑자면 그것은 '공책 정리의 기술'이 아닐까요?

블룸의 학습 피라미드를 살펴보면 '지식-이해-적용-분석-종합-평가'의 순서로 완전학습이 이루어집니다. 그 1단계가 바로 지식의 단계, 즉 암기와 기억의 단계입니다. 이론에 따르면 암기와 기억 없이는 이해와 적용, 분석, 종합, 평가가 이루어지지 않는다고 합니다.

또한 뇌 기반 학습에서도 일방적이고 편중된 암기 위주의 학습 방법보다는 오감 학습을 통하여 두뇌를 골고루 자극했을 때, 뇌 발달이 효과적으로 이루어진다고 합니다.

아이들의 두뇌를 자극하고 구조화하는 공책 정리로 학습 피라미드를 쌓아 나아가는 것은 어떨까요?

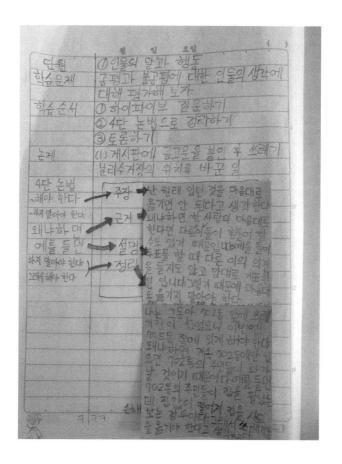

이렇게 활동해요.

<공책정리 지도>

■ **교사 준비물**: 공책 작성 방법 지도를 위한 재구성 차시

■ **학생 준비물**: 개인 공책(학년 또는 학교에서 학습 노트를 구안할 때도 참고하세요)

1 코넬식 노트 필기 방법

<table>
<tr><td colspan="2" align="center">① 제목</td></tr>
<tr><td></td><td></td></tr>
<tr><td>③ 핵심 단어·질문</td><td>② 내용 정리</td></tr>
<tr><td></td><td></td></tr>
<tr><td colspan="2">④ 요약정리</td></tr>
</table>

■ 코넬식 노트 정리 원칙

- 기록. 수업한 내용을 ②에 적습니다. 이때 가능한 많은 내용을 적습니다.

- 축소. ②에 적은 내용을 파악하여 ③에 정리합니다.

- 암기. ③의 내용만 보고 학습 내용을 떠올립니다.

- 성찰. 다른 과목과의 연계성을 고려하여 ④를 정리합니다.

- 복습. 앞의 과정이 모두 끝난 후 필기 내용을 한 번 더 살펴봅니다.

② 질문과 설명 중심의 노트 필기 방법(QnE 학습연구회의 학습 노트 수정)

과목	단원	20 년 월 일 요일

학습문제(공부할 문제)

Question: 질문하기 ▶ 교재를 읽거나 문제를 풀면서 이해 안 되는 것, 궁금한 것, 더 알고 싶은
것을 적어 질문을 만들어 보세요.

Explain: 설명하기 ▶ 학습 내용을 비주얼 씽킹이나 그림, 마인드 맵, 표, 그래프, 수식 등으로
그리거나 적어보세요.

summary: 요약하기 ▶ 학습 내용의 핵심 단어를 선정하여 학습문제(공부할 문제)의 답을 한
문장 쓰기 해 보세요.

3 오답 노트와 독서 기록장 예시

틀린 문제를 되돌아보는 1! 2! 3! 4! 징검다리 note

문제	틀린 문제를 쓰거나 오려 붙여보세요!

---

① 징! Why? ▶ 왜 그렇게 생각했나요?　　② 검! How? ▶ 어떻게 해야 하나요?

③ 다! What? ▶ 무엇을 해야 할까요?　　④ 리! AHA! ▶ 비슷한 유형의 문제를 만들어
　　　　　　　　　　　　　　　　　　　　　　　　　보세요!

---

①~④의 순서로 틀린 문제를 되돌아보세요!

마음의 양식을 채우는 와글와글 독서 기록장

책 제목	지은이	읽은 날
한 줄 쓰기 (인상 깊었던 내용, 좋은 글귀, 재미있는 표현을 써보세요!)		
등장인물		
질문하기 (작가, 등장인물 등)		질문에 답변하기

<구조화 지도>

- ■ **교사 준비물**: 구조화 지도를 위한 재구성 차시
- ■ **학생 준비물**: 개인 공책, 필기도구, 색연필

1️⃣ 플로우 맵

- ■ 플로우 맵은 순서를 정해 일정한 규칙과 기준에 따라 정렬할 때 사용할 수 있는 구조화 기법입니다. 체험학습이나 방학, 하루 또는 일 년 동안 나의 생각이나 모습의 변화, 인물의 삶과 같은 시간 시간에 따른 변화를 알아보는 활동에 유용하게 사용할 수 있습니다.

2️⃣ 멀티 플로우 맵

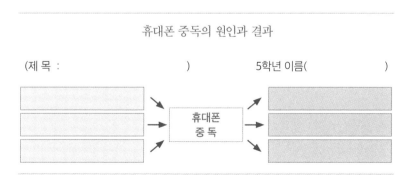

■ 멀티 플로우 맵은 사건이나 현상의 인과 관계를 찾아내는 사고 기법입니다. 가운데 상자에는 사실이나 현상, 왼쪽 상자에는 원인, 오른쪽 상자에는 결과를 적어 넣습니다. 하나의 현상에 대해 여러 원인과 결과들이 있음을 알 수 있고, 어떤 일에 대한 영향과 효과를 알고자 할 때 유용합니다.

3 브레이스 맵

세종대왕의 업적을 알아보아요!

(제 목 :   )   5학년 이름(   )

■ 브레이스 맵은 부분과 전체에 대한 관계를 파악할 때 사용하기 좋은 기법입니다. 주제를 전체로 보고 전체를 구성하는 구성요소와 세부 요소를 분석하며 계속 나누어 나아가는 것이지요.

4 브릿지 맵

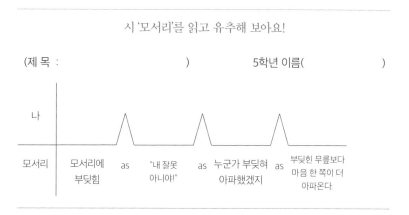

시 '모서리'를 읽고 유추해 보아요!

(제 목 :   )   5학년 이름(   )

■ 브릿지 맵은 한 가지 현상을 통하여 또 다른 현상을 유추하는 기법입니다. 시를 창작할 때와 같이 비유가 필요한 활동에 활용할 수 있습니다.

5 써클 맵

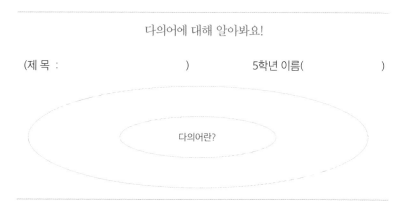

다의어에 대해 알아봐요!

(제 목 :   )   5학년 이름(   )

■ 써클 맵은 개념에 대해 정의를 내리거나 사실관계를 나타내는 활동이나 주제와 관련된 생각을 확산하는 활동에 활용하기 좋습니다. 가운데 원에는 주제어, 바깥 원에는 주제와 관련된 것, 아는 것, 생각한 것, 느낀 것을 적습니다.

6 버블 맵

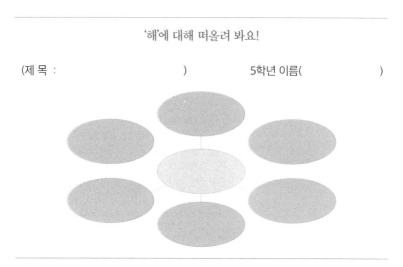

'해'에 대해 떠올려 봐요!

(제 목 :   )   5학년 이름(   )

■ 버블 맵은 사물이나 지식에 대해 묘사하는 활동, 주제에 대한 느낌을 표현하는 활동에 활용하기 좋은 구조화 기법입니다. 가운데 원에는 주제어, 바깥 원들에는 사물의 특성이나 느낌을 표현하는 단어를 적어 본다. 주제와 관련된 다양한 생각이나 느낌들을 연결함으로써 개념을 정립하는 데 유용하게 사용할 수 있습니다.

7 더블 버블 맵

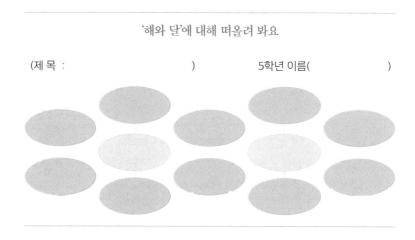

'해와 달'에 대해 떠올려 봐요

(제 목 :   )   5학년 이름(   )

■ 더블 버블 맵은 서로 다른 두 개의 대상이나 개념이 가진 공통점과 차이점을 한눈에 볼 수 있도록 시각화하는 기법입니다. 두 개의 대상이 가진 공통점은 가운데 영역에, 차이점은 바깥 영역에 배치함으로써 두 대상이 가진 특성을 하나의 맵으로 비교·대조할 수 있습니다.

8 트리 맵

사는 곳에 따라 동물들을 분류해 보아요!

(제 목 :   )   3학년 이름(   )

■ 트리맵은 일정한 기준에 따라 분류하거나 그룹을 만드는 사고 기법입니다. 위에서 아래 혹은 좌에서 우로 기준에 따라 항목들을 그룹화해 나아갑니다.

단원	1. 인물의 말과 행동	주제(제재)	인물의 생각을 자신의 생각과 비교하기	차시	3-4/9
학습 목표	인물의 생각을 자신의 생각과 비교하여 설명할 수 있다.				

과정(시간)	학습요소	교수·학습 활동	자료(졔) 및 유의점(㊨)

도입
(5')
	동기유발
	
	학습 문제
		◉ 동기 유발.
		 ○ '동생 만들기 대작전' 의 내용을 친구들에게 소개해
		  볼까요?
		  - 대강의 내용을 친구들에게 소개한다.
		◉ 학습문제 파악하기?
		인물의 생각과 나의 생각을 비교하여 말해 볼까요?
			㉯ 예습적 과제

전개
(30')
	활동1
	
	활동2
	(구조화)
	
	활동3
	(핫시팅)
		◉ <활동1> 인물의 생각 알아보기
		 ○ '동생 만들기 대작전'을 읽고, 만들어 온 질문을
		  친구들과 나누어 봅시다.
		  - 'What', 'How', 'If' 질문으로 하이파이브 임의 짝 활동.
		 ○ 같은 반 친구인 하나의 물음에 답하는 '나'의 말과
		  행동을 통해 지우에 대한 '나'의 생각은 어떻게
		  바뀌었나요?
		◉ <활동2> 인물에 대한 자기 생각 정리하기
		 ○ 작품에 등장하는 인물 중 한 인물을 고르고, 고른 인물과
		  자기 생각을 비교하여 더블 버블 맵으로 정리해 봅시다.
		
		  - 더블 버블 맵을 활용하여 등
		  장인물의 생각에 대한 자기
		  생각을 비교하여 정리한다.
		
		◉ <활동3> 내가 주인공
		 ○ 만약에 자신이 작품에 등장하는 인물이라면 어떻게
		  했을지 빈 의자에 앉아 인터뷰 활동을 해보겠습니다.
		  - 자신이 정한 인물이 되어 친구들과 인터뷰 활동을
		  하고, 질의응답한다.
			㊨ 조사한 내용을
			바탕으로 교실을
			자유롭게 돌아다니며
			질문을 주고받는다.
			
			ㅈ 구조화 활동지
			
			ㅈ 의자, 마이크
			㊨ 자유로운 분위기
			속에서 인터뷰 활동을
			진행한다.

정리
(5")
	학습 내용
	정리
		◉ 배움과 삶의 연결
		 ○ 가족이나 친구들과 갈등이 생겼을 때, 어떻게
		  해결하면 좋을까요?
		◉ 학습 내용 정리하기
		 ○ 인물의 생각을 자신과 비교하여 보고, 알게 된 점을
		  이야기해 볼까요?
		  - 인물의 말과 행동을 통해 저를 되돌아볼 수
		  있었습니다
			㊨ 작품을 통해
			자신을 되돌아보게
			한다.

뚝딱뚝딱 책 만들기, 팝업북

1학년 아이들에게 한글을 가르칠 때였습니다. 글쓰기, 받아쓰기를 싫어하는 우리 반 새싹 친구들에게 문해력 향상 연수에서 배워 온 대로 A4 종이를 접어 '세모 팝업북'을 만들어 주고, 주인공에서 쓰고 싶은 편지 쓰기를 했습니다.

처음에는 시큰둥한 것 같더니, 이게 무슨 일? 쉬는 시간도 반납한 채 '선생님, 시간 좀 더 주세요!'라 외치며 독후 활동을 하는 것 아니겠어요!

아이들은 정성을 다한 삐뚤빼뚤한 글씨로 자기 생각을 표현하고, 그림까지 예쁘게 그려 넣었습니다. 무색무취의 A4 종이를 예술작품으로 만들어 낸 것이었습니다.

그때부터 팝업북 만들기는 프로젝트 수업의 단골 소재가 되었고, 그 결과물은 과정 중심 평가의 중요한 자료가 되었습니다.

팝업북 만들기는 폴 존슨 선생님의 '메이킹 북 프로젝트(아이북)'라는 책과
박정아 선생님의 '아이들과 함께하는 팝업북 만들기(예경)'라는 책을 많이 참고하였습니다. ;)

<이중 반으로 접기>

1. 종이 혹은 색지(A4)를 1장 준비합니다.

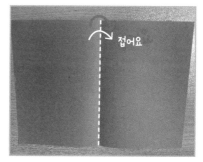

2. 종이의 긴 쪽을 점선에 맞추어 반으로 접어주세요.

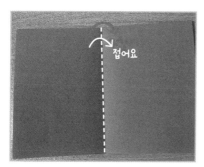

3. 접은 종이를 오른쪽으로 90도 돌려 막힌 부분이 위로 가도록 하여 다시 반을 접으면 완성!

4. 주제에 맞춰 겉표지를 꾸며줍니다.

(시간이 여유롭다면 뒤표지도 꾸며주세요~)

\<2쪽 창문 책\>

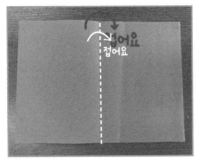

1. 접은 종이를 오른쪽으로 90도 회전시켜 종이의 막힌 부분이 위로 가도록 하고 점선에 맞추어 반으로 접어주세요.

2. 두 번 접은 종이의 한 쪽 면을 실선에 맞춰 칼로 잘라주세요. (손가락 조심! 선생님이 도와주세요.)

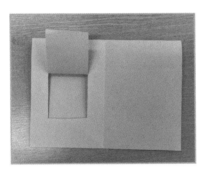

3. 종이를 자른 후 책의 내용을 꾸며줍니다. 주제에 따라 다양한 내용을 채울 수 있어요.

4. 자른 종이의 안쪽으로 프린트한 그림, 사진, 스티커 등을 붙여 꾸밀 수 있습니다.

<창문 쪽지책>

1. 색지(A4)를 1반으로 접어주세요. 접은 종이를 다시 펴고 왼편(오른편)에 반을 끝 살짝만 접어 접힌 자국을 내줍니다.

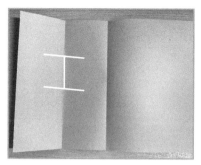

2. 실선에 맞춰 가위로 잘라주세요.

3. 자른 쪽의 반대편에 원하는 그림이나 사진을 붙여주세요.

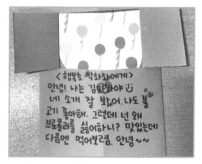

4. 쪽지 책의 내용과 창문 등을 꾸며주면 완성!

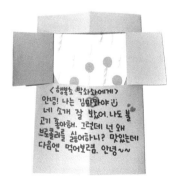

<창문 잠금책>

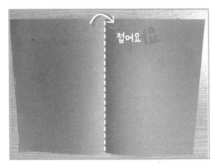

1. 종이 혹은 색지(A4)를 1장 준비하고 종이의 긴 쪽을 점선에 맞추어 반으로 접어주세요.
2. 접은 종이를 오른쪽으로 90도 돌려 막힌 부분이 위로 가도록 하여 다시 반을 접습니다.

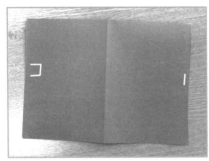

3. 접은 종이를 뒤로 뒤집어 실선에 맞춰 칼로 잘라주세요. (위치를 잘 맞춰야 끼울 수 있어요!)

4. 겉표지와 내지를 꾸며서 완성해요! 맞게 잘 끼워지는지 확인하고 수정할 수 있어요.

<초대카드>

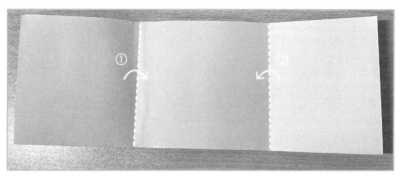

1. 종이 혹은 색지(A4)를 반으로 접어주세요. 접은 종이의 양쪽 끝을 점선에 따라 접습니다.
   눈대중으로 종이의 3분의 1지점을 접어주세요.

2. 종이의 양쪽 끝을 삼각형 모양으로 잘라주세요. 자른 양 끝을 비틀어 끼우면 카드 모양 완성!

3. 겉표지와 내지를 꾸며서 완성해요! 맞게 잘 끼워지는지 확인하고 수정할 수 있어요.

<천막책>

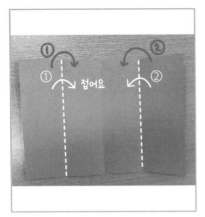

1. 종이 혹은 색지(A4)를 반으로 접어주세요. 접은 종이의 양쪽 끝을 접은 자국에 맞춰 반으로 다시 접어줍니다.

2. 양쪽 끝 4분의 1지점의 선에 맞춰 모서리를 삼각형 모양으로 안쪽으로 접어 넣어줍니다.

3. 겉표지와 내지를 꾸며서 완성해요! 완성된 천막책은 세워서 전시해둘 수 있어요.

<아코디언 병풍 접기>

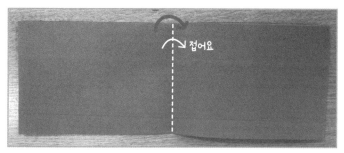

1. 종이 혹은 색지(A4)를 1장 준비하고 반으로 접어주세요. 접은 종이의 긴 쪽을 다시 반으로
   접습니다.

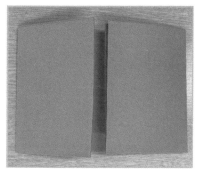

2. 접은 종이의 양쪽 끝을 접은 자국에 맞춰
   반으로 다시 접어줍니다.

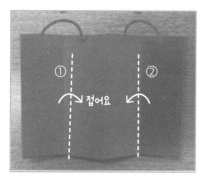

3. 양쪽 끝을 접은 종이를 뒤집어서 다시 한번
   종이의 중앙에 맞춰 끝을 반으로 접어줍니다.

4. 종이가 지그재그로 접혀졌다가 펴지게 완성할 수 있어요. 주제와 관련해 병풍을 꾸며요.

<계단식 병풍 접기>

1. 종이 혹은 색지(A4)를 1장 준비하고 종이의 짧은 쪽을 점선에 맞추어 반으로 접어주세요. 접은
   종이의 3분의 1지점을 안쪽으로 접어주세요.

2. 1번에서 접은 폭보다 좁은 폭으로 바깥쪽으로 접어줍니다.

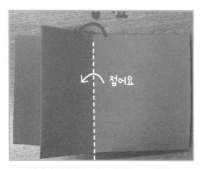

3. 2번에서 접은 폭부다 좁은 폭으로 안쪽으로
   접어줍니다. (접는 폭에 따라 소제목 수를
   조정해요.)

4. 제목과 소제목을 적고 내용블 꾸며줍니다.

<6쪽 기본 책 접기>

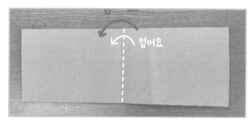

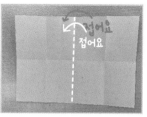

1. 종이 혹은 색지(A4)를 1장 준비하고 반으로 접어주세요.
   접은 종이의 긴 쪽을 반으로 접어주세요.

2. 접은 종이를 펴고 종이의 긴 쪽을
   점선처럼 반으로 접어주세요.

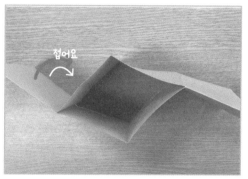

3. 반으로 접은 종이는 오른쪽으로
   막힌 면이 가도록 하고, 그림의
   실선 부분을 가위로 잘라주세요.

4. 자른 종이를 다음과 같은 방향으로 접어주세요. 자른
   면이 사각형 모양이 될 수 있도록 눌러 접어주세요.

5. 접은 종이의 표지와 속지를 주제에 맞춰
   꾸미면 완성!

<6쪽 집 모양 책 접기>

1, 2, 3: 6쪽 기본 책 접기의 1~3의 과정과 같이 접어주세요.

4. 반으로 접은 종이는 오른쪽으로 막힌 면이 가도록 하고, 그림의 실선 부분을 가위로 잘라주세요.

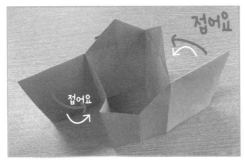

5. 자른 종이를 다음과 같은 방향으로 접어주세요.

6. 접은 종이의 표지와 속지를 주제에 맞춰 꾸미면 완성!

<6쪽 성 모양 책 접기>

1, 2, 3: 6쪽 기본 책 접기의 1~3의 과정과 같이 접어주세요.

4. 반으로 접은 종이는 오른쪽으로 막힌 면이 가도록 하고, 그림의 실선 부분을 가위로 잘라주세요.

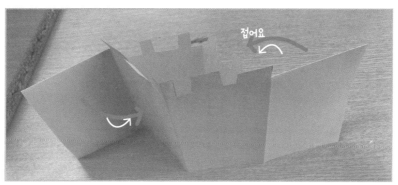

5. 자른 종이를 다음과 같은 방향으로 접어주세요.

6. 접은 종이의 표지와 속지를 주제에 맞춰 꾸미면 완성!

<목차 만들기>

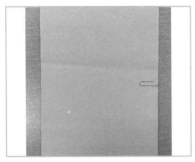

1. 종이 혹은 색지(A4)를 3장 준비하고 약간씩 띄어서 겹쳐 놓고, 종이의 한쪽 편을 클립으로 고정시켜주세요.

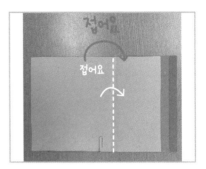

2. 클립에 맞춰서 종이를 접어주세요. 종이를 접을 때는 밑에 종이의 공백만큼 남겨 접어주세요.

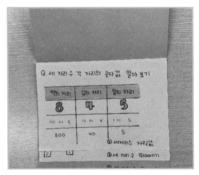

3. 종이의 각 영역에 알맞은 소제목을 적고 내용을 채우면 완성!

VIII

수제과
조제

숙제와
종례

　하루 8시간을 학생들과 보내고 종례할 시간, 대다수 학생이 방과 후에도 학원, 과외 등 눈, 코 뜰 사이 없이 바쁩니다. 하지만 우리의 교육 목표는 분명합니다. 배움과 삶을 연결시키는 것입니다. 배움과 삶이 연결 되도록 숙제를 내볼까요?

이렇게 활동해요

❖ **바·인·되·프**(바른 인간 되기 프로젝트)

　바른 인간 되기 프로젝트는 총 3종류의 숙제입니다. 첫 번째는 착, 감, 반 숙제입니다. 하루 동안 일어난 일 중 착한 일, 감사한 일, 반성할 일을 노트에 적게 합니다. 적을 때에는 일어난 일과 함께 그 이유도 적습니다. 각 항목 당 3~6개 정도로 정해주시면 됩니다.

　두 번째는 집안일 돕기입니다. 학생도 한 가정의 구성원으로서 자신이 할 수 있는 일을 찾아서 한다면 책임감과 동시에 가족애가 더욱 돈독해질 수 있습니다. 학부모님들도 굉장히 좋아하십니다. 집안일 예시로는 설거지, 신발장 정리, 빨래, 방 청소 등 다양합니다. 이중 한 가지를 골라서 하면 됩니다. 거창하게 하는 것도 좋지만 사소한 일이라도 행동으로 옮기는 것이 중요합니다.

세 번째는 복습노트입니다. 학교에서 하루 동안 배운 내용을 정리하며 복습하는 시간입니다. 수업 시간에 정리노트를 사용한다면 그 노트를 읽고 쓰며 배운 내용을 되새기기 좋습니다. 만약 정리노트가 없다면 배운 내용의 교과서를 읽고 주어진 문제를 해결하는 방법도 좋습니다. 꾸준히 한다면, 학생들의 학력 신장에도 도움이 될 것입니다.

❖ 교과서 읽기

학생들의 독서습관은 매일 꾸준히 글을 읽는 것에서 시작됩니다. '하루라도 책을 읽지 않으면 입안에 가시가 돋는다.'라는 말이 있을 정도로 학생들에게 매일 책을 읽게 하는 것은 중요합니다. 그래서 매일 책을 읽도록 교과서 한 단원 읽기 숙제를 내주었습니다. 국어, 사회, 도덕, 과학 교과서를 중심으로 읽도록 하며 가정에서 큰소리로 읽은 후 부모님께 사인을 받아오도록 하여 확인합니다.

❖ 부모님과 수다 10분 떨기

5~6학년 학생들은 사춘기에 들어서면서부터 부모님들과 많은 갈등을 겪게 됩니다. 관계 개선을 위한 프로젝트로 부모님과 매일 10분 수다 떨기를 숙제로 내주었습니다. 그 시간을 통해 서로를 보다 많이 이해할 수 있게 됩니다. 학부모님들이 특히

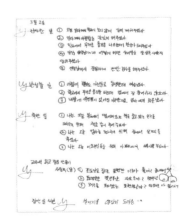

많이 좋아하십니다.

❖ 학습 도움 숙제

앞에서 제시한 질문 만들기 수업, 토의 토론 수업을 위해서는 수업 시간 이외에 학생들이 자료를 준비하는 시간이 필요합니다. 이런 수업이 있는 날은 전날에 학생들에게 미리 과제를 제시하는 것이 필요합니다. 어려운 보고서, 독후감 작성 등도 학생들이 집에서 자료를 찾으면서 해결하는 것도 좋습니다. 학업능력 향상을 위해서 수학 익힘책 및 다양한 문제 해결, 교과서 읽기(내일 배울 과목 중 한 과목을 선정하여 교과서 페이지 소리 내서 읽기) 등도 좋은 방법입니다. 아침 시간 활동 중 시 낭송 시간에 시를 낭송하기 위해서는 시를 미리 암송하게 하는 것도 좋은 숙제입니다.

❖ 종례

종례는 학생들과 간단하게 인사하는 형식으로 하이파이브 인사 또는 각 학급에서 만든 구호를 외치며 하교하는 등 학생들과 즐겁게 하면 좋습니다.

<○학년 ○반의 마침식>

1. 오늘 알림장은 (   )입니다.

   한 명도 빠짐없이 숙제와 준비물을 해 오도록 합시다. 특히 (   ) 숙제가 있으므로 (   ) 책을 꼭 가져가서 가지러 오는 일이 없도록 합시다.

2. 내일 2줄 노트 주제는 (   )로 하면 어떨까요.

   재미있는 2줄 노트를 써 보세요.

3. 눈을 감고 오늘 반성과 다짐 시간을 갖겠습니다. 눈을 감으세요.(30초 후) 눈뜨세요.

4. 칭찬할 친구 있습니까?

5. 자기를 되돌아보고 반성이나 다짐을 말해 보십시오.

6. 내일 아침 작은 회의 의장은 (   )입니다.

   모두가 아침 평화회의를 준비할 수 있도록 재미있는 뉴스거리 하나를 생각해 오시기 바랍니다.

7. 오늘도 즐겁고 보람찬 하루를 보냈습니다. 내일은 더욱 활기찬 하루를 보내도록 합시다. 조심해서 안전하게 집에 가세요.

8. 수고하셨습니다.

9. 선생님께도 인사합시다. –차려, 경례

우리 삶의 연구자로서

'요즘 젊은 선생님들은 왜 교과교육연구회에 가입하여 활발하게 활동하지 않는가?'라는 화두로 전문적 학습공동체 선생님들과 이야기를 나눈 적이 있습니다.

"임용 전까지 공부만 열심히 해서 쉬어가는 시간이 필요할 거예요."

"Work and Balance 시대니까요."

"예전보다 더 개인주의적인 시대가 되지 않았나요?"

"굳이 나가서 배울 필요가 없는 것이지요. 유튜브 찾아보면 금방 나오는 데요."

여러 이유를 찾아가며 요즘 선생님들의 모습을 비판하기도 하고, 변론을 해보기도 하였지만 쉽게 답을 얻을 수는 없었습니다. 하지만 이 화두를 던지기에 앞서 '선생님들은 교과교육연구회에 참여해 무엇을 배워 오고 싶어 할까?'를 먼저 짚어봐야 했습니다. 여러 이야기가 오고 간 끝에 '학급경영과 생활 지도', '최신의 수업방법', '실천적 수업 모습', '휴먼 네트워크'와 같은 내용으로 의견이 모아졌습니다.

의견이 모아지고 나자 '현재의 교과교육연구회의 모습은 어떠한가?'에 대한 화두로 자연스럽게 넘어갔고 의견을 내는 선생님들의 표정은 사뭇 진지해졌습니다.

"주로 하는 일이 1년 4회의 교과별 공개 수업과 수업 협의회 아니겠어요?"

"수업자 본인의 학급 아이들로 수업을 하지 않아서 학습 훈련이 잘 안되어 있는 것 같아요"

"사람들도 많고, 모르는 사람도 많아 자신의 의견을 말하기가 부담스러워요"

"배우고 싶은 것보다는 보여주는 것만 보고 온 것 같아요"

이런저런 이야기를 나누다 보면 어느새 선배 선생님들과의 격세지감이 자연스럽게 느껴진다고 합니다. 이해합니다. 과거에는 학계 최신 이론과 수업 정보를 교과 수업연구회의 시범수업을 통해 제공받곤 했습니다. 그런 이유로 학계의 이론을 먼저 적용하고 실천했던 선생님이 인정받았던 시대이기도 했습니다.

하지만 세상이 바뀌었습니다. 4차 산업 혁명의 시대라고 합니다. 학계의 저명한 인사, 교육부가 교육계의 흐름을 주도하는 것이 아니라 교실 안에서 수업을 직접 실천하는 선생님으로부터 교실이 변화하고 있습니다. 그 실천 과정과 결과는 '학교 혁신', '수업 혁신'이라는 이름으로 책과 미디어를 통해 공유 되고 있고, 선생님들로부터 많은 사랑을 받고 있습니다. 교육계의 주인공이 더 이상 미국과 유럽, 일본의 유명한 학자와 교수님이 아니라 각각의 교실에서 숭고한 소명의식을 품은 채 소소한 재미로 수업을 실천하는 바로 우리 동료 선생님들인 것입니다.

이 책을 준비하는 과정 속에서 많은 것들을 반성하게 되었고 초심의 마음을 돌아보게 되었습니다. 교감, 교장으로의 승진이 교직의 목적이 아니라, 실제 아이들과 부딪히는 삶이 재미있고 보람차며 풍성해야 한다고! 교직의 궁극적인 목적은 풍요로운 아이들의 삶이 되어야 한다고 다시 한번 다짐하는 계기가 되었습니다.

더 나은 수업을 위해 우리 수업의 실천 과정과 결과를 기록하고, 공유하기로 했습니다. 혼자 쓰는 책은 외롭고 고단하기 때문에 선생님들과 함께 책을 내기로 했습니다.

책을 쓰는 과정도 녹록하지 않았습니다. '어떤 방향으로 책을 쓸 것인가?', '제목은 무엇으로 해야 하는가?', '어떤 형식으로 모두의 경험을 담을 것인가?', '책을 내기 위한 자료는 어떻게 수집할 것인가?', '저작권의 문제는 어떻게 해결할 것인가?', '코로나19의 비대면 상황에서 책이 읽히기나 할까?', '우리의 경험이 다른 선생님께 어떤 도움이 될까?', '다른 선생님께 실수하지는 않을까?' 등 수많은 고민 속에서 각자가 맡은 부분을 조금씩 채워나갔습니다.

뭔가 새로운 수업 모형을 개발하여 알리기보다는 실천적인 수업 이야기를 함께 나누고 공유하고 싶었습니다. 어느덧 우리의 이야기가 조금씩 완성되어나가자 작은 욕심이 생겨났습니다. 미흡하지만 우리의 책이 교육계에 작은 디딤돌이 되었으면 하는 욕심.

　우리의 이야기가 끝난 지금, 많은 시간과 노력에도 불구하고 아쉬움이 남는 건 어쩔 수 없습니다. 더 먼저 계획하여 더 많이 실천하고 더 자세히 기록할 걸 그랬습니다. 그럼에도 바람이 있다면 앞으로 더 좋은 수업을 위해 실천하고, 공유하고, 노력해서 또 다른 책을 낼 수 있는 용기가 생겨나게 된다면 좋겠습니다. 그래서 언제가 될지 모르지만, 교육학의 이론가와 교육과정의 실천가로서 차 한 잔 마시며 함께 즐거운 수다를 떨 수 있는 날을 감히 기대해 봅니다.

2020년 12월

김연중, 이규민, 김경태, 이아영, 박현승

삶의 행복을 꿈꾸는 교육은 어디에서 오는가?

● 교육혁명을 앞당기는 배움책 이야기 혁신교육의 철학과 잉걸진 미래를 만나다!

한국교육연구네트워크 총서

01 핀란드 교육혁명
한국교육연구네트워크 엮음 | 320쪽 | 값 15,000원

02 일제고사를 넘어서
한국교육연구네트워크 엮음 | 284쪽 | 값 13,000원

03 새로운 사회를 여는 교육혁명
한국교육연구네트워크 엮음 | 380쪽 | 값 17,000원

04 교장제도 혁명
한국교육연구네트워크 엮음 | 268쪽 | 값 14,000원

05 새로운 사회를 여는 교육자치 혁명
한국교육연구네트워크 엮음 | 312쪽 | 값 15,000원

06 혁신학교에 대한 교육학적 성찰
한국교육연구네트워크 엮음 | 308쪽 | 값 15,000원

07 진보주의 교육의 세계적 동향
한국교육연구네트워크 엮음 | 324쪽 | 값 17,000원
2018 세종도서 학술부문

08 더 나은 세상을 위한 학교혁명
한국교육연구네트워크 엮음 | 404쪽 | 값 21,000원
2018 세종도서 교양부문

09 비판적 실천을 위한 교육학
이윤미 외 지음 | 448쪽 | 값 23,000원
2019 세종도서 학술부문

10 마을교육공동체운동:
세계적 동향과 전망
심성보 외 지음 | 376쪽 | 값 18,000원

11 학교 민주시민교육의 세계적 동향과 과제
심성보 지음 | 308쪽 | 값 16,000원

12 학교를 민주주의의 정원으로
가꿀 수 있을까?
성열관 외 지음 | 272쪽 | 값 16,000원

한국교육연구네트워크 번역 총서

01 프레이리와 교육
존 엘리아스 지음 | 한국교육연구네트워크 옮김
276쪽 | 값 14,000원

02 교육은 사회를 바꿀 수 있을까?
마이클 애플 지음 | 강희룡·김선우·박원순·이형빈 옮김
356쪽 | 값 16,000원

03 비판적 페다고지는
세상을 변화시킬 수 있는가?
Seewha Cho 지음 | 심성보·조시화 옮김 | 280쪽 | 값 14,000원

04 마이클 애플의 민주학교
마이클 애플·제임스 빈 엮음 | 강희룡 옮김 | 276쪽 | 값 14,000원

05 21세기 교육과 민주주의
넬 나딩스 지음 | 심성보 옮김 | 392쪽 | 값 18,000원

06 세계교육개혁:
민영화 우선인가 공적 투자 강화인가?
린다 달링-해먼드 외 지음 | 심성보 외 옮김 | 408쪽 | 값 21,000원

07 콩도르세, 공교육에 관한 다섯 논문
니콜라 드 콩도르세 지음 | 이주환 옮김 | 300쪽 | 값 16,000원
2019세종도서학술부문

08 학교를 변론하다
얀 마스켈라인·마틴 시몬스 지음 | 윤선인 옮김
252쪽 | 값 15,000원

혁신학교
성열관·이순철 지음 | 224쪽 | 값 12,000원

행복한 혁신학교 만들기
초등교육과정연구모임 지음 | 264쪽 | 값 13,000원

서울형 혁신학교 이야기
이부영 지음 | 320쪽 | 값 15,000원

혁신교육, 철학을 만나다
브렌트 데이비스·데니스 수마라 지음
현인철·서용선 옮김 | 304쪽 | 값 15,000원

대한민국 교사, 어떻게 가르칠 것인가?
윤성관 지음 | 320쪽 | 값 15,000원

비고츠키 선집 시리즈 발달과 협력의 교육학 어떻게 읽을 것인가?

생각과 말
레프 세묘노비치 비고츠키 지음
배희철·김용호·D. 켈로그 옮김 | 690쪽 | 값 33,000원

도구와 기호
비고츠키·루리야 지음 | 비고츠키 연구회 옮김
336쪽 | 값 16,000원

어린이 자기행동숙달의 역사와 발달 I
L.S. 비고츠키 지음 | 비고츠키 연구회 옮김
564쪽 | 값 28,000원

어린이 자기행동숙달의 역사와 발달 II
L.S. 비고츠키 지음 | 비고츠키 연구회 옮김
552쪽 | 값 28,000원

어린이의 상상과 창조
L.S. 비고츠키 지음 | 비고츠키 연구회 옮김
280쪽 | 값 15,000원

비고츠키와 인지 발달의 비밀
A.R. 루리야 지음 | 배희철 옮김 | 280쪽 | 값 15,000원

수업과 수업 사이
비고츠키 연구회 지음 | 196쪽 | 값 12,000원

비고츠키의 발달교육이란 무엇인가?
비고츠키교육학실천연구모임 지음 | 412쪽 | 값 21,000원

비고츠키 철학으로 본
핀란드 교육과정
배희철 지음 | 456쪽 | 값 23,000원

성장과 분화
L.S. 비고츠키 지음 | 비고츠키 연구회 옮김
308쪽 | 값 15,000원

연령과 위기
L.S. 비고츠키 지음 | 비고츠키 연구회 옮김
336쪽 | 값 17,000원

의식과 숙달
L.S 비고츠키 | 비고츠키 연구회 옮김
348쪽 | 값 17,000원

분열과 사랑
L.S. 비고츠키 지음 | 비고츠키 연구회 옮김
260쪽 | 값 16,000원

성애와 갈등
L.S. 비고츠키 지음 | 비고츠키 연구회 옮김
268쪽 | 값 17,000원

관계의 교육학, 비고츠키
진보교육연구소 비고츠키교육학실천연구모임 지음
300쪽 | 값 15,000원

비고츠키 생각과 말 쉽게 읽기
진보교육연구소 비고츠키교육학실천연구모임 지음
316쪽 | 값 15,000원

교사와 부모를 위한 비고츠키 교육학
카르포프 지음 | 실천교사번역팀 옮김 | 308쪽 | 값 15,000원

아이들을 어떻게 가르칠 것인가
사토 마나부 지음 | 박찬영 옮김 | 232쪽 | 값 13,000원

모두를 위한 국제이해교육
한국국제이해교육학회 지음 | 364쪽 | 값 16,000원

경쟁을 넘어 발달 교육으로
현광일 지음 | 288쪽 | 값 14,000원

혁신교육 존 듀이에게 묻다
서용선 지음 | 292쪽 | 값 14,000원

다시 읽는 조선 교육사
이만규 지음 | 750쪽 | 값 33,000원

대한민국 교육혁명
교육혁명공동행동 연구위원회 지음 | 224쪽 | 값 12,000원

독일 교육, 왜 강한가?
박성희 지음 | 324쪽 | 값 15,000원

핀란드 교육의 기적
한넬레 니에미 외 엮음 | 장수명 외 옮김 | 456쪽 | 값 23,000원

한국 교육의 현실과 전망
심성보 지음 | 724쪽 | 값 35,000원

통하는 공부
김태호·김형우·이경석·심우근·허진만 지음
324쪽 | 값 15,000원

내일 수업 어떻게 하지?
아이함께 지음 | 300쪽 | 값 15,000원
2015 세종도서 교양부문

인간 회복의 교육
성래운 지음 | 260쪽 | 값 13,000원

교과서 너머 교육과정 마주하기
이윤미 외 지음 | 368쪽 | 값 17,000원

수업 고수들
수업·교육과정·평가를 말하다
박현숙 외 지음 | 368쪽 | 값 17,000원

도덕 수업, 책으로 묻고 윤리로 답하다
울산도덕교사모임 지음 | 320쪽 | 값 15,000원

체육 교사, 수업을 말하다
전용진 지음 | 304쪽 | 값 15,000원

교실을 위한 프레이리
아이러 쇼어 엮음 | 사람대사람 옮김 | 412쪽 | 값 18,000원

마을교육공동체란 무엇인가?
서용선 외 지음 | 360쪽 | 값 17,000원

교사, 학교를 바꾸다
정진화 지음 | 372쪽 | 값 17,000원

함께 배움
학생 주도 배움 중심 수업 이렇게 한다
니시카와 준 지음 | 백경석 옮김 | 280쪽 | 값 15,000원

공교육은 왜?
홍섭근 지음 | 352쪽 | 값 16,000원

자기혁신과 공동의 성장을 위한
교사들의 필리버스터
윤양수·원종희·장군·조경삼 지음 | 280쪽 | 값 14,000원

함께 배움 이렇게 시작한다
니시카와 준 지음 | 백경석 옮김 | 196쪽 | 값 12,000원

함께 배움 교사의 말하기
니시카와 준 지음 | 백경석 옮김 | 188쪽 | 값 12,000원

교육과정 통합, 어떻게 할 것인가?
성열관 외 지음 | 192쪽 | 값 13,000원

미래교육의 열쇠, 창의적 문화교육
심광현·노명우·강정석 지음 | 368쪽 | 값 16,000원

주제통합수업, 아이들을 수업의 주인공으로!
이윤미 외 지음 | 392쪽 | 값 17,000원

수업과 교육의 지평을 확장하는 **수업 비평**
윤양수 지음 | 316쪽 | 값 15,000원
2014 문화체육관광부 우수교양도서

교사, 선생이 되다
김태은 외 지음 | 260쪽 | 값 13,000원

교사의 전문성, 어떻게 만들어지나
국제교원노조연맹 보고서 | 김석규 옮김 392쪽 | 값 17,000원

수업의 정치
윤양수·원종희·장군 지음 | 280쪽 | 값 14,000원

학교협동조합,
현장체험학습과 마을교육공동체를 잇다
주수원 외 지음 | 296쪽 | 값 15,000원

거꾸로 교실,
잠자는 아이들을 깨우는 수업의 비밀
이민경 지음 | 280쪽 | 값 14,000원

교사는 무엇으로 사는가
정은균 지음 | 292쪽 | 값 15,000원

마음의 힘을 기르는 감성수업
조선미 외 지음 | 300쪽 | 값 15,000원

작은 학교 아이들
지경준 엮음 | 376쪽 | 값 17,000원

아이들의 배움은 어떻게 깊어지는가
이시이 준지 지음 | 방지현·이창희 옮김 | 200쪽 | 값 11,000원

대한민국 입시혁명
참교육연구소 입시연구팀 지음 | 220쪽 | 값 12,000원

교사를 세우는 교육과정
박승열 지음 | 312쪽 | 값 15,000원

전국 17명 교육감들과 나눈 교육 대담
최창의 대담·기록 | 272쪽 | 값 15,000원

들뢰즈와 가타리를 통해 유아교육 읽기
리세롯 마리엣 올슨 지음 | 이연선 외 옮김 | 328쪽 | 값 17,000원

학교 혁신의 길, 아이들에게 묻다
남궁상운 외 지음 | 272쪽 | 값 15,000원

프레이리의 사상과 실천
사람대사람 지음 | 352쪽 | 값 18,000원
2018 세종도서 학술부문

혁신학교, 한국 교육의 미래를 열다
송순재 외 지음 | 608쪽 | 값 30,000원

페다고지를 위하여
프레네의 『페다고지 불변요소』 읽기
박찬영 지음 | 296쪽 | 값 15,000원

노자와 탈현대 문명
홍승표 지음 | 284쪽 | 값 15,000원

선생님, 민주시민교육이 뭐예요?
염경미 지음 | 244쪽 | 값 15,000원

어쩌다 혁신학교
유우석 외 지음 | 380쪽 | 값 17,000원

미래, 교육을 묻다
정광필 지음 | 232쪽 | 값 15,000원

대학, 협동조합으로 교육하라
박주희 외 지음 | 252쪽 | 값 15,000원

입시, 어떻게 바꿀 것인가?
노기원 지음 | 306쪽 | 값 15,000원

촛불시대, 혁신교육을 말하다
이용관 지음 | 240쪽 | 값 15,000원

라운드 스터디
이시이 데루마사 외 엮음 | 224쪽 | 값 15,000원

미래교육을 디자인하는 학교교육과정
박승열 외 지음 | 348쪽 | 값 18,000원

흥미진진한 아일랜드 전환학년 이야기
제리 제퍼스 지음 | 최상덕·김호원 옮김 | 508쪽 | 값 27,000원

폭력 교실에 맞서는 용기
따돌림사회연구모임 학급운영팀 지음 | 272쪽 | 값 15,000원

그래도 혁신학교
박은혜 외 지음 | 248쪽 | 값 15,000원

학교는 어떤 공동체인가?
성열관 외 지음 | 228쪽 | 값 15,000원

학교 민주주의의 불한당들
정은균 지음 | 276쪽 | 값 14,000원

교육과정, 수업, 평가의 일체화
리사 카터 지음 | 박승열 외 옮김 | 196쪽 | 값 13,000원

학교를 개선하는 교장
지속가능한 학교 혁신을 위한 실천 전략
마이클 풀란 지음 | 서동연·정효준 옮김 | 216쪽 | 값 13,000원

공자뎐, 논어는 이것이다
유문상 지음 | 392쪽 | 값 18,000원

교사와 부모를 위한
발달교육이란 무엇인가?
현광일 지음 | 380쪽 | 값 18,000원

교사, 이오덕에게 길을 묻다
이무완 지음 | 328쪽 | 값 15,000원

낙오자 없는 스웨덴 교육
레이프 스트란드베리 지음 | 변광수 옮김 | 208쪽 | 값 13,000원

끝나지 않은 마지막 수업
장석웅 지음 | 328쪽 | 값 20,000원

경기꿈의학교
진흥섭 외 지음 | 360쪽 | 값 17,000원

학교를 말한다
이성우 지음 | 292쪽 | 값 15,000원

행복도시 세종, 혁신교육으로 디자인하다
곽순일 외 지음 | 392쪽 | 값 18,000원

나는 거꾸로 교실 거꾸로 교사
류광모·임정훈 지음 | 212쪽 | 값 13,000원

교실 속으로 간 이해중심 교육과정
온정덕 외 지음 | 224쪽 | 값 13,000원

교실, 평화를 말하다
따돌림사회연구모임 초등우정팀 지음 | 268쪽 | 값 15,000원

학교자율운영 2.0
김용 지음 | 240쪽 | 값 15,000원

학교자치를 부탁해
유우석 외 지음 | 252쪽 | 값 15,000원

국제이해교육 페다고지
강순원 외 지음 | 256쪽 | 값 15,000원

교사 전쟁
다나 골드스타인 지음 | 유성상 외 옮김 | 468쪽 | 값 23,000원

시민, 학교에 가다
최형규 지음 | 260쪽 | 값 15,000원

학교를 살리는 회복적 생활교육
김민자·이순영·정선영 지음 | 256쪽 | 값 15,000원

교사를 위한 교육학 강의
이형빈 지음 | 336쪽 | 값 17,000원

새로운학교 학생을 날게 하다
새로운학교네트워크 총서 02 | 408쪽 | 값 20,000원

세월호가 묻고 교육이 답하다
경기도교육연구원 지음 | 214쪽 | 값 13,000원

미래교육, 어떻게 만들어갈 것인가?
송기상·김성천 지음 | 300쪽 | 값 16,000원
2019 세종도서 교양부문

교육에 대한 오해
우문영 지음 | 224쪽 | 값 15,000원

혁신교육지구 현장을 가다
이용운 외 지음 | 348쪽 | 값 18,000원

배움의 독립선언, 평생학습
정민승 지음 | 240쪽 | 값 15,000원

선생님, 페미니즘이 뭐예요?
염경미 지음 | 280쪽 | 값 15,000원

평화의 교육과정 섬김의 리더십
이준원·이형빈 지음 | 292쪽 | 값 16,000원

수포자의 시대
김성수·이형빈 지음 | 252쪽 | 값 15,000원

혁신학교와 실천적 교육과정
신은희 지음 | 236쪽 | 값 15,000원

삶의 시간을 잇는 문화예술교육
고영직 지음 | 292쪽 | 값 16,000원

혐오, 교실에 들어오다
이혜정 외 지음 | 232쪽 | 값 15,000원

혁신교육지구와 마을교육공동체는 어떻게 만들어지는가?
김태정 지음 | 376쪽 | 값 18,000원

선생님, 특성화고 자기소개서 어떻게 써요?
이지영 지음 | 322쪽 | 값 17,000원

학생과 교사, 수업을 묻다
전용진 지음 | 344쪽 | 값 18,000원

혁신학교의 꽃, 교육과정 다시 그리기
안재일 지음 | 344쪽 | 값 18,000원

● **살림터 참교육 문예 시리즈** 영혼이 있는 삶을 가르치는 온 선생님을 만나다!

꽃보다 귀한 우리 아이는
조재도 지음 | 244쪽 | 값 12,000원

성깔 있는 나무들
최은숙 지음 | 244쪽 | 값 12,000원

아이들에게 세상을 배웠네
명혜정 지음 | 240쪽 | 값 12,000원

밥상에서 세상으로
김흥숙 지음 | 280쪽 | 값 13,000원

우물쭈물하다 끝난 교사 이야기
유기창 지음 | 380쪽 | 값 17,000원

선생님이 먼저 때렸는데요
강병철 지음 | 248쪽 | 값 12,000원

서울 여자, 시골 선생님 되다
조경선 지음 | 252쪽 | 값 12,000원

행복한 창의 교육
최창의 지음 | 328쪽 | 값 15,000원

북유럽 교육 기행
정애경 외 14인 지음 | 288쪽 | 값 14,000원

시험 시간에 웃은 건 처음이에요
조규선 지음 | 252쪽 | 값 15,000원

평화샘 프로젝트 매뉴얼 시리즈 학교폭력에 대한 근본적인 예방과 대책을 찾는다

 학교폭력 어떻게 만들어지는가
문재현 외 지음 | 300쪽 | 값 14,000원

 아이들을 살리는 동네
문재현·신동명·김수동 지음 | 204쪽 | 값 10,000원

 학교폭력, 멈춰!
문재현 외 지음 | 348쪽 | 값 15,000원

 평화! 행복한 학교의 시작
문재현 외 지음 | 252쪽 | 값 12,000원

 왕따, 이렇게 해결할 수 있다
문재현 외 지음 | 236쪽 | 값 12,000원

 마을에 배움의 길이 있다
문재현 지음 | 208쪽 | 값 10,000원

 젊은 부모를 위한 백만 년의 육아 슬기
문재현 지음 | 248쪽 | 값 13,000원

 별자리, 인류의 이야기 주머니
문재현·문한뫼 지음 | 444쪽 | 값 20,000원

 우리는 마을에 산다
유양우·신동명·김수동·문재현 지음 | 312쪽 | 값 15,000원

 동생아, 우리 뭐 하고 놀까?
문재현 외 지음 | 280쪽 | 값 15,000원

 누가, 학교폭력 해결을 가로막는가?
문재현 외 지음 | 312쪽 | 값 15,000원

남북이 하나 되는 두물머리 평화교육 분단 극복을 위한 치열한 배움과 실천을 만나다

 10년 후 통일
정동영·지승호 지음 | 328쪽 | 값 15,000원

 선생님, 통일이 뭐예요?
정경호 지음 | 252쪽 | 값 13,000원

 분단시대의 통일교육
성래운 지음 | 428쪽 | 값 18,000원

 김창환 교수의 DMZ 지리 이야기
김창환 지음 | 264쪽 | 값 15,000원

 한반도 평화교육 어떻게 할 것인가
이기범 외 지음 | 252쪽 | 값 15,000원

창의적인 협력 수업을 지향하는 삶이 있는 국어 교실 우리말 글을 배우며 세상을 배운다

 중학교 국어 수업 어떻게 할 것인가?
김미경 지음 | 340쪽 | 값 15,000원

 토론의 숲에서 나를 만나다
명혜정 엮음 | 312쪽 | 값 15,000원

 토닥토닥 토론해요
명혜정·이명선·조선미 엮음 | 288쪽 | 값 15,000원

 인문학의 숲을 거니는 토론 수업
순천국어교사모임 엮음 | 308쪽 | 값 15,000원

 어린이와 시
오인태 지음 | 192쪽 | 값 12,000원

 수업, 슬로리딩과 함께
박경숙 외 지음 | 268쪽 | 값 15,000원

 언어던
정은균 지음 | 268쪽 | 값 15,000원
2019 세종도서 교양부문

 민촌 이기영 평전
이성렬 지음 | 508쪽 | 값 20,000원

 감각의 갱신, 화장하는 인민
남북문학예술연구회 | 380쪽 | 값 19,000원

교과서 밖에서 만나는 역사 교실 상식이 통하는 살아 있는 역사를 만나다

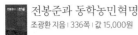
전봉준과 동학농민혁명
조광환 지음 | 336쪽 | 값 15,000원

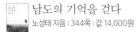
남도의 기억을 걷다
노성태 지음 | 344쪽 | 값 14,000원

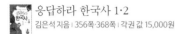
응답하라 한국사 1·2
김은석 지음 | 356쪽·368쪽 | 각권 값 15,000원

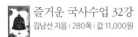
즐거운 국사수업 32강
김남선 지음 | 280쪽 | 값 11,000원

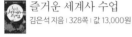
즐거운 세계사 수업
김은석 지음 | 328쪽 | 값 13,000원

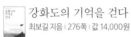
강화도의 기억을 걷다
최보길 지음 | 276쪽 | 값 14,000원

광주의 기억을 걷다
노성태 지음 | 348쪽 | 값 15,000원

선생님도 궁금해하는 한국사의 비밀 20가지
김은석 지음 | 312쪽 | 값 15,000원

걸림돌
키르스텐 세룹-빌펠트 지음 | 문봉애 옮김
248쪽 | 값 13,000원

역사수업을 부탁해
열 사람의 한 걸음 지음 | 388쪽 | 값 18,000원

진실과 거짓, 인물 한국사
하성환 지음 | 400쪽 | 값 18,000원

우리 역사에서 사라진 근현대 인물 한국사
하성환 지음 | 296쪽 | 값 18,000원

꼬물꼬물 거꾸로 역사수업
역모자들 지음 | 436쪽 | 값 23,000원

즐거운 동아시아사 수업
김은석 지음 | 240쪽 | 값 15,000원

노성태, 역사의 길을 걷다
노성태 지음 | 324쪽 | 값 17,000원

교과서 밖에서 배우는 역사 공부
정은교 지음 | 292쪽 | 값 14,000원

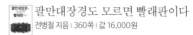
팔만대장경도 모르면 빨래판이다
전병철 지음 | 360쪽 | 값 16,000원

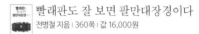
빨래판도 잘 보면 팔만대장경이다
전병철 지음 | 360쪽 | 값 16,000원

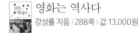
영화는 역사다
강성률 지음 | 288쪽 | 값 13,000원

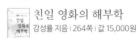
친일 영화의 해부학
강성률 지음 | 264쪽 | 값 15,000원

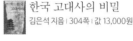
한국 고대사의 비밀
김은석 지음 | 304쪽 | 값 13,000원

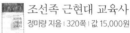
조선족 근현대 교육사
정미량 지음 | 320쪽 | 값 15,000원

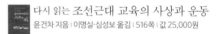
다시 읽는 조선근대 교육의 사상과 운동
윤건차 지음 | 이명실·심성보 옮김 | 516쪽 | 값 25,000원

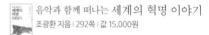
음악과 함께 떠나는 세계의 혁명 이야기
조광환 지음 | 292쪽 | 값 15,000원

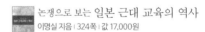
논쟁으로 보는 일본 근대 교육의 역사
이명실 지음 | 324쪽 | 값 17,000원

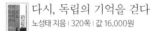
다시, 독립의 기억을 걷다
노성태 지음 | 320쪽 | 값 16,000원

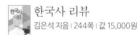
한국사 리뷰
김은석 지음 | 244쪽 | 값 15,000원

경남의 기억을 걷다
류형진 외 지음 | 564쪽 | 값 28,000원

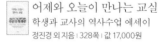
어제와 오늘이 만나는 교실
학생과 교사의 역사수업 에세이
정진경 외 지음 | 328쪽 | 값 17,000원

더불어 사는 정의로운 세상을 여는 인문사회과학 사람의 존엄과 평등의 가치를 배운다

밥상혁명
강양구·강이현 지음 | 298쪽 | 값 13,800원

도덕 교과서 무엇이 문제인가?
김대용 지음 | 272쪽 | 값 14,000원

자율주의와 진보교육
조엘 스프링 지음 | 심성보 옮김 | 320쪽 | 값 15,000원

민주화 이후의 공동체 교육
심성보 지음 | 392쪽 | 값 15,000원
2009 문화체육관광부 우수학술도서

갈등을 넘어 협력 사회로
이창언·오수길·유문종·신윤관 지음 | 280쪽 | 값 15,000원

동양사상과 마음교육
정재걸 외 지음 | 356쪽 | 값 16,000원
2015 세종도서 학술부문

교과서 밖에서 배우는 철학 공부
정은교 지음 | 280쪽 | 값 14,000원

교과서 밖에서 배우는 사회 공부
정은교 지음 | 304쪽 | 값 15,000원

교과서 밖에서 배우는 윤리 공부
정은교 지음 | 292쪽 | 값 15,000원

한글 혁명
김슬옹 지음 | 388쪽 | 값 18,000원

우리 안의 미래교육
정재걸 지음 | 484쪽 | 값 25,000원

왜 그는 한국으로 돌아왔는가?
황선준 지음 | 364쪽 | 값 17,000원
2019세종도서교양부문

공간, 문화, 정치의 생태학
현광일 지음 | 232쪽 | 값 15,000원

인공지능 시대의 사회학적 상상력
홍승표 지음 | 260쪽 | 값 15,000원

동양사상과 인간 그리고 사회
이현지 지음 | 418쪽 | 값 21,000원

좌우지간 인권이다
안경환 지음 | 288쪽 | 값 13,000원

민주시민교육
심성보 지음 | 544쪽 | 값 25,000원

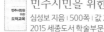
민주시민을 위한 도덕교육
심성보 지음 | 500쪽 | 값 25,000원
2015 세종도서 학술부문

교과서 밖에서 배우는 인문학 공부
정은교 지음 | 280쪽 | 값 13,000원

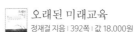
오래된 미래교육
정재걸 지음 | 392쪽 | 값 18,000원

대한민국 의료혁명
전국보건의료산업노동조합 엮음 | 548쪽 | 값 25,000원

교과서 밖에서 배우는 고전 공부
정은교 지음 | 288쪽 | 값 14,000원

전체 안의 전체 사고 속의 사고
김우창의 인문학을 읽다
현광일 지음 | 320쪽 | 값 15,000원

카스트로, 종교를 말하다
피델 카스트로·프레이 베토 대담 | 조세종 옮김
420쪽 | 값 21,000원

일제강점기 한국철학
이태우 지음 | 448쪽 | 값 25,000원

한국 교육 제4의 길을 찾다
이길상 지음 | 400쪽 | 값 21,000원
2019세종도서학술부문

마을교육공동체 생태적 의미와 실천
김용련 지음 | 256쪽 | 값 15,000원

교육과정에서 왜 지식이 중요한가
심성보 지음 | 440쪽 | 값 23,000원

식물에게서 교육을 배우다
이차영 지음 | 260쪽 | 값 15,000원

참된 삶과 교육에 관한 생각 줍기